KB189076

귀츨라프 ON 고대도

1832년 한국 개신교 최초 선교지 찾기 프로젝트

귀츨라프 ON 고대도

1832년 한국 개신교 최초 선교지 찾기 프로젝트

2022년 7월 25일 초판 발행
2024년 7월 25일 제2판 발행

지은이	오현기
펴낸이	이찬규
펴낸곳	북코리아
등록번호	제03-01240호
전화	02-704-7840
팩스	02-704-7848
이메일	ibookorea@naver.com
홈페이지	www.북코리아.kr
주소	13209 경기도 성남시 중원구 사기막골로45번길 14
	우림2차 A동 1007호
ISBN	978-89-6324-207-1 93230

값 25,000원

제2판

귀츨라프 ON 고대도

1832년 한국 개신교 최초 선교지 찾기 프로젝트

Gützlaff on the Island, Godaedo

오현기 지음

북코리아

Carl Gützlaff aus Stettin,
engl. Missionair in China,
in der Tracht eines Fokieschen Matrosen.

푸젠성 어부 복장의 칼 귀츨라프(1840년경). 귀츨라프는 중국 현지에 동화하기 위한 노력의
일환으로 중국음식을 먹고 중국인의 옷을 즐겨 입었다. 본 석판화는 홍콩에서 활동하던 화가 조지
치너리(George Chinnery, 중국명: 錢納利, 1774-1852)의 원화에 따른 석판화인데, 세실리에
브란트(Cäcilie Brand)에 의해 독일 라이프치히에서 1840년경 인쇄되었다. **오현기 소장**

GOD愛島

개신교 최초의 선교유적지 '고대도' 안내

1. 고대도 선착장
2. 동일교회 고대도 선교센터
3. 방문객 센터(매표소, 카페 퓌릿츠)
4. 해양역사문화체험관
   (칼 귀츨라프 기념관)
5. 마을회관
6. 고대도 교회
7. 고대도 등대십자가
8. 당산
9. 당너머 해수욕장
10. 칼 귀츨라프 기념공원
11. 칼 귀츨라프 업적기념비
12. 칼 귀츨라프 선교기념비
13. 동일교회 설립 60주년 기념조형물
    (Memoria Urbana)
14. 고대도 선바위
15. 한국전력 고대도 발전소

프롤로그

2004년부터 한국에 온 첫 번째 개신교 선교사 독일인 칼 귀츨라프(Karl Friedrich August Gützlaff, 1803-1851) 연구에 몰입한 이후 10년 만에 여러 연구 논문들을 집대성하여 『굿 모닝, 귀츨라프: 한국에 온 최초의 개신교 선교사』(성남: 북코리아, 2014)를 출간하였다. 이 도서는 감사하게도 "대한민국학술원 2015년도 우수학술도서"에 선정되어 대부분의 전국 국공립도서관과 대학도서관에 비치되었다. 부족하지만, 한국에 온 최초의 개신교 선교사이자, 최초의 독일인, 칼 귀츨라프라고 하는 생소한 이름을 알리는 데 미력하나마 일조했다.

『굿 모닝, 귀츨라프』를 통해 저자는 두 가지 중요한 주장을 했었다.

"한국에 온 첫 번째 개신교 선교사는 독일인 칼 귀츨라프다."
"한국개신교의 선교 원년은 1832년이다."

그렇다면 귀츨라프는 1866년 순교한 선교사 토마스보다 34년, 1884년에 입국한 미국 선교사 알렌보다 52년, 1885년 입국한 미국

2019년 건립, 원산도 선교원년기념비[1] 오현기 촬영

선교사 언더우드, 아펜셀러보다 53년 앞서 내한한 선교사이다.

그래서 첫 번째 도서 출간 이후, 본 저자는 저자가 주창한 모토, 즉 "그가 우리를 깨웠고, 이젠 우리가 그를 깨운다"를 시대적 사명으로 여기고 연구를 지속적으로 이어오던 차에 새로 발굴된 자료와 심화된 연구결과를 소개할 필요성이 대두되었다. 무엇보다도 그간 명확하게 정리되지 못한 몇몇 논점들을 정리할 시점이 되었다고 생각되었다. 그런 의미에서 본 서는 『굿 모닝, 귀츨라프』와 상호 보완적 성격을 띠고 있다.[2] 특히 본 서에서 중점적으로 다루고자 하는

---

1   이 원산도 기념비에는 1832년 7월 25일 귀츨라프가 원산도에 도착했다고 기록하고 있다.

2   본 서는 『굿 모닝 귀츨라프』와 함께 다음과 같은 저자의 논문들을 토대로 했다.

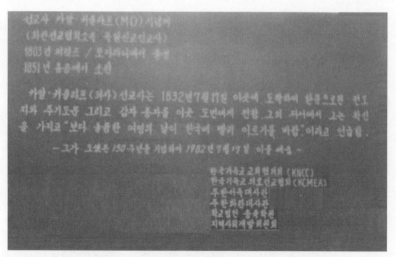

1982년 건립, 원산도 "선교사 카알 귀츨라프(MD) 기념비"[3]

내용은 지금까지 정설로 여겨졌던 칼 귀츨라프의 "고대도 안항 정박설"에 대한 "원산도 개갱 정박설"의 도전에 대한 답을 담고 있다. "원산도 개갱 정박설"은 급기야 2019년도에 1832년 7월 25일 귀츨라프의 고대도 도착을 원산도 도착이라 기록된 기념비가 건립되는 일까지 벌어지도록 만든 것이다.

이보다 앞서 1982년에 원산도에 세워진 귀츨라프 선교 기념비

오현기, "조선과 서양 사이의 문화 중개자들의 저작물에 나타난 조선인의 인상(印象)에 대한 연구", 『대학과 선교』 제27집, 2014, 199-234.

오현기, "칼 귀츨라프와 고대도", 제7회 칼 귀츨라프의 날 학술발표회(2020. 7. 16), 논문발표영상: https://youtu.be/4PEJbp0XALw.

3 이 비문에 있는 화란선교협회소속이란 말도 틀린 기록으로, 귀츨라프는 원래 화란선교회 파송 선교사였으나, 1829년 화란선교회(Nederlandsch Zendelinggenootschap: 창립 1797)를 탈퇴하여 이후로는 어느 선교회에도 속하지 않은 독립선교사로 활동했다(오현기, 『굿 모닝, 귀츨라프』, 성남: 북코리아, 2014, 75f.). 그러므로 1832년 한국에 왔을 때는 이 선교회 소속이 아님이 분명하다.

또한 귀츨라프가 몽금포 앞바다로 진입한 날인 1832년 7월 17일을 원산도 도착일로 잘못 기록하고 있다. 만약 언급된 두 개의 기념비가 아직도 동시에 존재한다면, 서로 상충하는 내용이 있다는 사실은 우선 건립주체자의 자기 정리부터 시급함을 알 수 있다.

이러한 일련의 사건들 때문에 역사적 사실을 보호할 책무가 귀츨라프 연구가인 본 저자에게 생긴 것이다. 그래서 본 서의 저술 목적을 다음과 같이 두었다.

첫째, 한국 최초의 본격적 선교지가 고대도였다는 사실을 저자의 기존 연구를 토대로 하고, 최근 연구된 내용을 반영하여 더욱 명확히 증명하고자 한다. 이를 통해 고대도가 본격적 최초 선교지였음을 재확인하고, 특히 이 논란이 야기된 단초가 된 표현, 귀츨라프의 일기와 린지의 보고서에서 나타난 단어 "Gan-keang"이 고대도 안항(古代島安港)임을 증명하고자 한다. 그래서 고대도의 선교사적, 문화사적 가치를 공고히 하고자 한다.

둘째, 고대도에 온 선교선 역할을 한 영국 동인도회사가 용선한 배, 한국 최초의 통상을 요구한 선박인 로드 애머스트호와 승선자들에 대한 심화된 연구를 반영하고자 한다. 이를 통해 다인종, 다국적, 다문화의 역사적 의미를 되새기고자 한다.

셋째, 향후 귀츨라프를 연구하려는 연구자들과 관심 있는 일반인들을 위해서 저자가 직접 수집한 다양한 희귀 사료나, 현지 사진과 자체 제작한 모형의 사진과 일러스트를 수록함으로 당시 실제 역사를 3차원적으로 복원하고자 한다. 이는 분명 후학들의 연구 열의와 관심을 북돋울 수 있을 것이다.

넷째, 2014년 『굿 모닝, 귀츨라프』 출간 이후의 연구의 여정에서 발생한 "에피소드 포토"를 담으려 한다. 여기에 저자가 칼 귀츨라프와 고대도를 알리고자 했던 행적을 중심으로 수록하고자 한다.

바라기는 이 연구를 통해 1832년 논란의 기록 "Gan-keang"이 어디인지 마지막 퍼즐로서 맞춰져 논란이 종식되길 바라며, 동시에 그곳을 중심으로 행한 귀츨라프의 한국선교의 진정한 면모가 밝혀지기를 바란다. 그래서 고대도(Godaedo) 속에 숨겨진 코드, 하나님이 사랑한 섬(God愛島)![4]이라는 사실이 드러나, 한국 최초의 선교성지임이 다시 한번 입증되길 바란다.

---

4   오현기, 『굿 모닝, 귀츨라프』, 247f.

목차

제1장
귀츨라프와 동양을 섬긴 선교사들

한국 최초의 개신교 선교사인 독일인 칼 프리드리히 아우구스트 귀
츨라프 선교사는 독일 프로이센 제국의 힌터포메른(Hinterpommern)
지역의 퓌릿츠(Pyritz, 현 폴란드령)라는 작은 도시에서 태어났다. 그는
독일 경건주의적 선교 신학으로 교육받아 선교사가 된 인물이었다.
그는 루터파적 배경과 독일 경건주의적인 가풍 아래서 성장하였다.

이후 독일 국왕의 왕립장학생으로 독일 최초의 선교학교인 베
를린 선교학교(Missionsschule in Berlin)에 진학하였다. 이 학교에서 베
를린 보헤미아 베들레헴교회의 담임목사이자, 이 선교학교 설립자이
자 교장인 요하네스 예니케(Johannes Jänicke, 1748-1827)의 지도로 3년
의 전 과정을 마치고 베를린 대학교(현 베를린 훔볼트대학교)에서 신학

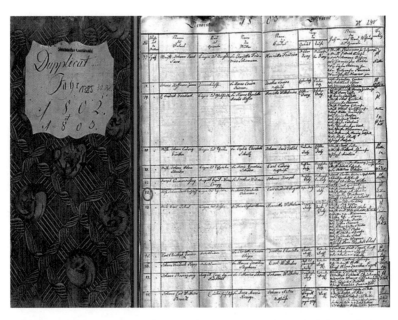

퓌릿츠시 출생명부. O 부분이 귀츨라프의 출생명부이다. 그의 이름과 함께 부모의
이름이 등재되어 있다. **실비아 브레젤 박사 제공**

← 베를린 보헤미아 베들레헴교회
모형(베를린 보헤미아 개혁교회
전시관) 오현기 촬영

↓
베를린 선교학교
(Missionsschule Berlin,
19세기 말)[1] 베를린 보헤미아
개혁교회 제공

을 수학하다 중병을 앓게 되었다. 그 과정에서 그는 선교사로 헌신을 결심하게 되었다.

그 후 개혁파적 성격의 네덜란드 선교회(The Netherlands Missionary Society, 화란어: Nederlandsch Zendelinggenootschap: 창립 1797년) 선교사로 안수받고, 인도네시아 선교사로 파송을 받았지만, 귀츨라프는 사역 초기 네덜란드 선교회에 잠시 속했다가 1829년 탈퇴한 이후로, 어느 선교회에도 속하지 않은 독립선교사(Freimissionar)로서 활동하며 동아시아와 주로 중국선교를 감당하였다.

그는 선교방법으로 한 곳에 머무는 정주형 선교 형태보다는 선교를 위해서는 비록 위험할지라도 "현지여행(Besuchreise)"[2]을 선호하는 선교여행(Missionsreise)을 실행하였다. 귀츨라프가 "중국인을 위한 사도"라 불리듯이, 실제로 그는 바울 사도처럼 정기노선도 없는 위험한 지역을 선교지로 여행했다. 동시에 그는 선교사역뿐만 아니라 동북아시아에서 문화적 중개자 또는 문화 교류자로서 활약한 선교사 중 대표적인 인물이 되었다.

귀츨라프의 비전, 즉 중국을 거쳐 조선과 일본까지 이르는 동아시아 선교의 꿈은 1831년부터 1833년까지의 3차에 걸친 선교여행을 통해 현실화되었다. 1831년에 있은 제1차 선교여행(1831. 6. 3~12. 13)은 그의 첫 번째 부인 마리아 뉴엘(Maria Newell, 1794-1831)이

---

1   귀츨라프가 수학한 베를린 선교학교는 요하네스 예니케(Johannes Jänicke, 1748-1827)가 빌헬름가 29번지(Wilhelmstrasse 29)에 있는 베를린 보헤미아 베들레헴교회 목사관(Pfarrerhaus)에 설립하여, 1800년 2월 1일에 개교했다.

2   K. Gützlaff, "Briefe an einen Freund in Berlin, (Macao, 1835년 1월 7일)", Preussische Haupt-Bibelgesellschaft(Hrsg.), *Neueste Nachrichten aus dem Reiche Gottes. 20*. Jahrgang, Berlin: Trowitzsch und Sohn, 1836, 376.

개혁파 목사 가운을 입은
귀츨라프의 초상화(석판화)
오현기 소장

태국선교지에서 쌍둥이 여아의 출산 중 사망(1831. 2. 16, 36세)한 직후
에 이루어졌다. 게다가 제1차 선교여행 직전에 귀츨라프는 심한 열
병까지 앓고 있었다.

　　귀츨라프의 첫 번째 중국 선교여행을 위해 1831년 6월 3일에
중국 연안을 장사하러 다니는 낡은 중국 돛단배인 순리호(Shunle)를
타고 이동했는데, 그 배의 주인은 귀츨라프의 중국인 친구인 중국
광동성 동부 출신 상인 "Lin-Jung"이었다.[3] 이 상선의 항로를 따라

3　　Karl Friedrich Ledderhose, *Johann Jänicke: der evangelisch-lutherische Prediger an
der böhmischen- oder Bethlehems-Kirche zu Berlin; nach seinem Leben und Wirken
dargestellt Zum Besten der Mission für China*, Berlin: G. Knak Selbstverlag, 1863,
Carl Friedrich Ledderhose, 125; C. Gutzlaff, *Journal of three voyages along the coast of*

　　　　　　　　귀츨라프 ON 고대도

방콕(Bankok)을 출발해서 마카오(Macao)에 도착하기까지 여섯 달간의 여정을 생명의 위협을 당하면서도 소화해냈다.

그는 제2차 선교여행(1832. 2. 26~9. 5)를 위해 1832년 영국 동인도회사 소속 507톤[4]의 범선, 로드 애머스트호(Lord Amherst)에 탑승했다. 이 탐사 여행에 귀츨라프가 동행하게 된 것은 "런던 선교회(London Missionary Society)" 파송 선교사이자, "중국 복음주의 선교단(Brüder der evangelischen Mission in China, 1807)"의 설립자였던 로버트 모리슨(Robert Morrison, 1782-1834)의 권유 때문이었다.

모리슨의 추천을 통해 귀츨라프는 마침내 제2차 선교여행에 올랐고, 선의(船醫)와 통역관의 임무로서만 아니라, 복음 전도자의 임무를 가지고 조선을 방문한 것이다.[5]

한편 귀츨라프 시대의 서양 선교사들의 활약은 파송된 지역의 선교뿐 아니라, 동양과 서양의 문화적 교류에 기여했다. 서로 소통하고 이해하기 위한 통로로 언어를 연구하고, 고유의 사회 문화적 배경을 서로에게 알리는 작업이 이들에 의해 학문적으로, 체계적으로 이루어졌다. 이 중에 우리 문화와 관련해서 주목할 만한 것은 1832년 11월 『중국의 보고(The Chinese Repository)』라는 잡지에 실린

China in 1831, 1832 and 1833, 2.ed., London: Frederick westley and A. H. Davis 1834, 103.

4   India. Governor-general, *Railways (India): return to an order of the honourable The House of the Commons dated 12 July 1853* (London: the honourable The House of the Commons, 1853) 33.

5   Karl Gützlaff, *C. Gützlaff's, Missionars der evangelischen Kirche, dreijähriger Aufenthalt im Königreich Siam nebst einer kurzen Beschreibung seiner drei Reisen in den Seeprovinzen Chinas in den Jahren 1831-1833*, Basel: Felir schneider, 1835. 252; 254; 257 등.

귀츨라프의 소논문이다. 이 논문은 귀츨라프가 1832년 7월 17일부터 8월 17일까지 조선에 머물면서 한글을 배우고 자모의 일체를 수집하고 분석해서 "한국어에 대한 소견(Remarks on the Corean Language)"이라는 제목으로 발표한 것이다. 그의 논문은 한글과 관련하여 중요한 의미가 있다. 이 논문은 조선이 한자 문화권이지만 고유한 문자인 한글을 가지고 있다는 것을 서양에 알린 최초의 과학적이고도 체계적인 논문이며, 한글 역사와 문화 교류 역사상 중요한 사건이라고 할 수 있다. 1833년 11월 『외국(Das Ausland)』이라는 잡지에 "한국어에 관하여(Über die koreanische Sprache)"라는 글을 통해서 한글을 독일어권에 알린 사람도 귀츨라프였다.

귀츨라프는 조선에 체류하는 동안에도 문화 중개자의 역할을 톡톡히 해냈다. 성경에 나오는 "주기도문"을 한글로 번역하고, 빈궁한 삶에 시달리는 조선인들의 먹거리 해결을 위해 감자를 심어 주었으며, 감자 재배법을 글로 써서 가르쳐 주었다(1832. 7. 30). 야생포도(머루로 추정)로 음료를 만드는 법을 전수(1832. 7. 31)하거나, 60명의 노인 감기 환자를 위한 충분한 약도 처방해 주었다(1832. 8. 2). 이 일은 서양인에 의한 최초의 서양의술을 베푼 기록일 것이다. 조선 선교 당시 귀츨라프는 가는 곳마다 한문으로 된 성경이나 전도서를 나누어 주거나, 기념품인 서양식 단추(동인도회사의 사자문양이 새겨져 있는 단추)를 선물로 주고, 때로는 음식을 나누면서 함께 교제했다. 이처럼 귀츨라프는 문화를 선교의 접촉점으로 여겼다. 그래서 동아시아를 유럽에, 유럽을 아시아에 체계적으로 소개하는 문화적 중개 작업을 수행한 것이었다.

조선 방문을 포함한 중국 연안, 일본 방문 등은 그의 1833년에 초판으로 출간된 『1, 2차 동아시아 항해기(The Journal of Two Voyages Along the Coast of China, in 1831, & 1832; the First in a Chinese Junk and the Second in the British Ship Lord Amherst New York: John P. Haven)』를 시작으로 1834년에는 『1, 2, 3차 동아시아 항해기(1831~1833)』, 그리고 1835년에는 독일어로 된 『동아시아 항해기(1831~1833)』[6]가 출판되었다. 그는 『영국왕립지리학회(The Royal Geographical Society)』 잡지와 『영국과 아일랜드 왕립아시아학회의 잡지(The Royal Asiatic Society of Great Britain and Ireland)』 같은 학술잡지에 동양에 관심 있는 서양인들을 위해 아시아의 지리와 문화 및 관습을 소개하는 다수의 글을 실었다.

아울러 서양문화를 중국에 소개하기 위해 귀츨라프는 1833년부터 1839년까지 독자적으로 중국어로 된 잡지인 『동서양고매월통기전(東西洋考每月統記傳, The East-West Monthly Magazine, Canton, 1833~1835; Singapore, 1837~1839)』을 직접 발간하였고, 그 후로는 "중국 내 실용적 지식 전파를 위한 학회(The Society for the Diffusion of Useful Knowledge in China)"가 1838년까지 그 책을 발행했다. 이 책을 통해 중국인들에게 주로 서양 문물과 과학, 지리, 역사를 집중적으로 소개하였다.

그는 이 외에도 다양한 중국어 기독교 서적을 저술하고 발간하여 선교지에서 배포하였다. 예를 들면, 1834년 발간된 『贖罪之道傳』을 위시하여, 1836년 싱가포르에서 발간된 『摩西言行全傳』, 같

---

6   C. Gützlaff's Missionars der evangelischen Kirche, *dreijähriger Aufenthalt im Königreich Siam nebst einer kurzen Beschreibung seiner drei Reisen in den Seeprovinzen Chinas in den Jahren 1831-1833* (Basel: Felir schneider, 1835).

『전인구확(全人矩矱)』
(싱가포르, 1836)[7] 오현기 소장

은 해 싱가포르에서 발간된 『福音之箴規』과 『耶穌降世之傳』, 『救世主耶穌之聖訓』(Singapore: 新嘉坡堅夏書院藏板, 1836) 등 지금까지 발굴된 것만 하더라도 70권이 훨씬 넘는 기독교 서적을 출판했다.

특히 소위 귀츨라프 번역본으로 불리는 성경 번역은 귀츨라프와 메드헐스트가 주도하고 1830년에 중국 광저우(Canton)에 온 미국인 최초의 중국 선교사인 브리지멘(Elijah Coleman Bridgman, 1801-1861)과 영국인 최초의 중국 선교사 로버트 모리슨의 아들 존 모리

---

7   『全人矩矱』, Singapore: 新嘉坡堅夏書院藏板, 1836. 총 60장으로 되어 있으며, 애한자(愛漢者)란 필명으로 출판됐다. 5권으로 되어 있으며, 성경의 가르침 중 구세주에 관해, 율법에 대한 설명, 기도의 원리(주기도문) 등을 담고 있다(Wylie no. 11; Walravens no. 47; LUL).

슨(J. R. Morrison, 1814-1843)이 함께 참여하여 여호수아서 마지막까지 번역했으나, 이 번역 위원회 해체로 귀츨라프가 거의 혼자 나머지 번역을 감당했다. 『구유조서(舊遺詔書)』는 1836년에서 싱가포르에서 첫 출판된 이래 1840년까지 발행됐다. 새판은 1855년 중국복음화협회(The Chinese Evangelization Society, 中國傳敎)가 출판했다. 1837년 신약성경인 『신유조서(新遺詔書)』를 바타비아(현 자카르타)에서 발간되었는데, 이 성경을 귀츨라프와 위에 언급한 다른 세 명의 선교사가 함께 작업했다 해서 사인소조역본(四人小組譯本)이라고도 불린다. 이 성경은 로버트 모리슨이 1823년 말레이 반도 말라카에서 출판한 21권(volum) 선장본(threadbound)인 『신천성서(神天聖書: 載舊遺詔書兼新遺詔書)』의 미비점을 보완했다. 귀츨라프본인 이 성경은 후에 태평천국(太平天國)의 난 때 태평천국교도들에 의해 1853년 발행된 『신유조성서(新遺詔聖書)』와 『구유조성서(舊遺詔聖書)』로 수정 번역되어 사용됐다.[8] 이 난은 자칭 예수의 동생이라 자칭하는 홍수전(洪秀全, 1814-1864)이 일으켰다. 그의 목표는 이 땅에 기독교 신정(神政) 국가를 세우는 일이었다. 그는 하나님을 상제(上帝)로 지칭하여 유일신으로 믿고 모든 사람을 형제자매라 칭하며 평등한 사회를 주장했다. 사유 재산 또한 인정하지 않았고, 반외세, 반청나라의 기치를 내건 정치·사회 운동으로 발전했다.

귀츨라프는 마카오 선교 시기에 또한 일본 선교를 꿈꾸었다. 1832년 2차 선교여행 때, 유구왕국(琉球王國, 지금의 일본의 오키나와)에서 일본인과의 접촉을 통해 일본 본토선교의 꿈을 구체화했고,

---

8   『舊遺詔聖書』:http://nla.gov.au/nla.gen-vn2033774;『新遺詔聖書』: http://nla.gov.
     au/nla.gen-vn2033681.

그 후 1837년 실행에 옮기기 위해 미국 선교사 윌리엄스(S. Wells Williams, 1812-1884)와 미국 의료선교사 파크(Peter Park, 1804-1888), 그리고 일본인 표류 어부 일곱 명과 함께 일본으로 떠났다. 목표는 일본과의 국제통상 및 선교 가능성을 타진하는 것이었다. 하지만 미국선적의 모리슨호(The Morrison)를 타고 에도(지금의 도쿄)와 가고시마로 떠났던 귀츨라프는 막부를 설득하지 못한 채 타고 간 배가 포격을 받고 마카오로 다시 돌아오게 됐다. 당시 상황을 전하는 모리슨호의 선장 데이비드 잉거솔(David Ingersoll)의 편지에 의하면, 모리슨호를 향해 일본은 100 내지 200발의 포격을 가했으나, 단 한 발만이 선체에 맞았을 뿐이고, 그 또한 선체에 아무런 손상도 입히지 못했다. 이것은 "하나님의 선하신 손길 때문(through the good hand of God)"이라고 적고 있다.[9] 비록 귀츨라프는 일본 본토를 선교하진 못했지만, 일본 선교에 대한 열정으로 1837년에는 표류한 일본인 어부들에게 배운 일본어로 요한복음과 요한일 · 이 · 삼서를 번역하고, 그해 5월에 싱가포르에서 출간했다.

동시대 선교사로는 런던선교회(London Missionary Society, 1795년 설립)에서 파송된 최초의 여성 선교사 마리아 뉴엘(Maria Newell, 1794-1831)이 있다. 그녀는 귀츨라프와 1829년 11월 26일 말라카(Malacca)에서 결혼했다. 당시 그녀는 말라카 여성학교의 관리자(superintendent)였다.[10]

---

9   Christian Ministers of Various Denominations. *Calcutta Christian Observe*, Vol. VII. January to December. (Calcutta, The Baptist Mission Press: 1838), 39.

10   *The Eclectic review* Vol. 3. July~December (London: Holdsworth and Ball, 1832), 198.

約翰之福音傳　ヨアン子ノ　タヨリ　ヨロコビ

一節

ハジマリニ　カシコイモノゴザル・ヨノカシコイモノ　ゴクラクトモニゴザル・ヨノカシコイモノツゴクラク。

二

ハジマリニコノカシコイモノ　ゴクラクトモニゴザル。

三

ヒトツクラ　スナラバ、ヒトノナカニイノチアル、コノイチツ　ニングンノヒカリ。コノヒカリ　クラサニカヾヤク、

四

五

ニングンソレアル　ナヲハンヂス、

六

ニングン　カンベンシラナンダ。

七

アンヒトウ　ダンギヲカタリニイタ、ヒカリユエタンギカタル、ミナニンヒトヨリ　ゾンジル。

八

ナイ、タダシク　ヒカリユエ　ダンギヲカタワル　タメニ。コノコト　ヒカリ　ミナニングン　セカイエクル　カンヤク。

九

『約翰福音之傳』(요한복음), 출판 연도, 출판사 및 출판장소 미상　오현기 영인본 소장

뉴엘은 귀츨라프와 함께 1831년까지 샴어로 성경 전체를 번역했고, 기독교 서적들을 발간했다. 그리고 라오스어와 캄보디아어로 상당한 분량의 성경 번역과 샴어와 캄보디아어의 사전과 문법책을 위한 준비를 하였다. 그리고 앞서 언급된 세 언어로 된 사전을 귀츨라프와 함께 편찬했다. 귀츨라프는 이 사전들을 미국의 해외선교를 위한 위원회(Commissioners for Foreign Missions)에 보냈다. 이 사전들은 후에 버마(Burma)에서 사역하던 침례교 선교사 엘리자 그루 존스(Eliza Grew Jones, 1803-1838)가

메리 완스톨의 묘비(Fort Canning Green, Singapore)[11]

1833년 12월에 완성한 샴어-영어 사전의 토대를 마련해 주었다.

귀츨라프는 부인인 마리아 뉴엘과 사별하고, 메리 완스톨 (Mary Wanstall, 1799-1849)과 재혼했다. 완스톨은 한국 최초 영국 공사인 해리 스미스 파커스 경 (Sir Harry Smith Parkes, 巴夏禮, 1828-1885)의 사촌이기도 하다. 완스톨은 귀츨라프와 함께 많은 중국 고아들을 입양하고 돌보았다. 그들의 이름은 메리(Mary), 아그네스(Agnes), 라우라(Laura), 루시 (Lucy), 제시(Jessie)였다. 모두 여

---

11   https://www.findagrave.com/cemetery/2324213/fort-canning-green

자 아이였고, 시각장애인들이었다. 그중 아그네스는 영국의 맹인학교를 수학 후 중국 최초의 여성 장애인 선교사가 되어 귀츨라프와 함께 마카오에서 교육기관들을 세워 사역하였다. 그 학교들은 동양여자교육협회학교(Eastern-Female-Education Society School, 1835년 9월 개교)와 모리슨교육협회학교(Morrison Education Society School, 1835년 광저우에서 설립, 1838년 마카오 이전, 1842년 홍콩 이전)였다. 이 학교에서는 영어와 지리, 역사, 글쓰기 등을 가르쳤다. 근대교육을 통한 현지인들의 계몽은 차세대 선교사와 지도자들을 길러내었다. 뉴엘과 완스톨은 여성으로서 교육과 사회복지 및 문화 중개에 참여하여 중요한 역할을 감당함으로써 여성의 근대적 활약상을 보여주는 좋은 예라 할 수 있다.

귀츨라프가 최초로 조선을 방문한 서양 선교사였다면, 중국을 최초로 방문한 서양 선교사는 런던선교회가 파송한 스코틀랜드 출신의 로버트 모리슨이다.

모리슨은 1818년 말라카에 중국 최초 근대식 학교인 "영화서원(英華書院, Anglo-Chinese College)"을 윌리엄 밀른(William Milne, 1785-1822) 선교사와 함께 설립했다. 원래 마구간으로 사용되었던 곳인데, 이곳을 개조하여 학교로 사용하였으며, 여기서 서양 선교사들과 중국인 교사들이 학생들의 수업을 지도했다. 1843년 이 학교는 홍콩으로 옮긴 후, 현지인 선교사들 훈련을 위한 특수 신학교로 바뀌었다.

모리슨은 1807년 이후로 중국 광주에서 살았으며, 1824년부터 1826년까지는 영국으로 잠시 귀국하여 중국에서 수집한 방대한 중국 서적을 토대로 하여 "동양언어연구소"를 설립하여 운영하였

로버트 모리슨 선교사와 그의 성경 번역 동역자인 중국인들(석판화, 1830년경) 오현기 소장

다. 귀츨라프도 선교사 훈련시기에 이 연구소를 방문하여 중국 진출에 대한 비전을 가질 수 있게 되었다. 모리슨은 1813년 이미 신약성경을, 1819년에는 밀른과 함께 구약성경을 한문으로 번역하였다. 이 성경들의 합본을 선장본으로 해서 『신천성서(神天聖書: 載舊遺詔書兼新遺詔書)』라는 이름으로 1823년 말라카에서 출판하였다. 이 성경은 후에 귀츨라프의 의해 1832년 한국선교 당시 순조에게 진상했던 성경이 되었다. 모리슨의 또 다른 중요업적으로는 "영어-중국어 사전"(1815~1823년 출간)을 편찬함으로 서양인들의 중국어에 대한 이해에 큰 기여를 한 것이다.

런던 선교회의 두 번째 파송선교사이자 중국의 최초 근대식 학교인 영화서원의 공동설립자이자 첫 번째 교장인 윌리엄 밀

귀츨라프 ON 고대도

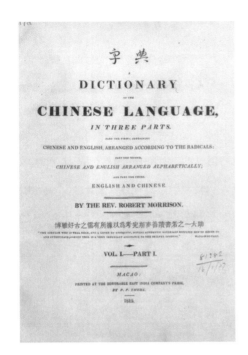

모리슨이 첫 번째 편찬한
영어-중국어 사전(1815)[12]

른(William Milne, 1785-1822)은 성경 번역 외에도 1820년에는 『중국 개신교 선교의 첫 10년의 회고(A Retrospect of the First Ten Years of the Protestant Mission to China)』[13]라는 책을 통해 중국의 문화와 현지사정을 서양에 알리는 데 공헌을 했다. 그리고 영화서원의 마지막 교장인 제임스 레거(James Legge, 1815-1897)는 스코틀랜드 출신으로 교장 재임 당시 중국의 유교 서적을 영어로 번역하여 영국에서 출판하였다. 이를 통해 서양인들이 동양의 철학과 정서를 이해시키는 데 일

---

12   https://archive.org/details/p1dictionaryofch01morruoft

13   William Milne, *A Retrospect of the First Ten Years of the Protestant Mission to China*, (Now, in Connection With the Malay, Denominated, the Ultra-Ganges Missions.) Accompanied with Miscellaneous Remarks on the Literature, History, and Mythology of China, & c. viii, Malacca, 1820, 376.

조했다.

이 외에도 귀츨라프가 사역을 한 1830년대 초반을 기준으로 중국선교와 관련된 인물로는 자바에서 사역한 윌리엄 헨리 메드 헐스트(William Henry Medhurst, 1796-1857), 말라카 영화서원(the Anglo Chinese College Malacca)에서 사역한 제이콥 톰린(Jacob Tomlin, 1793-1880)이 있다. 특히 톰린은 귀츨라프와 함께 태국에 입국한 최초의 서양 선교사로서 1828년부터 1831년까지 태국(당시의 이름 Siam), 방 콕에서 영국 선교사 톰린과 함께 선교사역을 했다. 톰린과 사역하 면서 귀츨라프는 샴(Siam), 인도지나(Cohin-china) 그리고 중국(China) 을 하나님의 말씀으로 선교하는 목표를 설정하게 된다.[14]

이 외에도 중국에 온 최초의 미국 출신 개신교 선교사이며 광 동에서 사역한 엘리야 콜먼 브리지멘(Elijah Coleman Bridgman, 1801-1861), 태국에서 사역한 미국 태생 네덜란드 개혁교회(Dutch Reformed Church) 목사인 데이비드 아벨(David Abeel, 1804-1846) 등이 있다.

이처럼 귀츨라프와 동시대의 선교사들은 언어 연구와 사회복 지, 교육을 통해 동양과 서양의 문화를 서로에게 소개하고 교류하 는 문화 중개자의 사명을 감당했다. 이들의 수고는 한국, 태국, 일 본, 말레이반도, 싱가포르, 마카오, 홍콩, 중국 내륙 등지에서 이루 어졌으며, 선교적 틀을 뛰어넘어 동서양 간에 상호이해의 토대를 놓은 문화적 사역이었다. 중요한 것은 이러한 문화적 소개가 일방 적으로 이루어진 것이 아니라, 상호 간에 이루어졌다는 것이다. 이 는 오늘날 인류가 추구하는 공생과 세계화한 세계의 토대가 되는

---

14   Ledderhose, K. F., *Johann Jänicke*, 1863, 125.

The persons at present connected with the Chinese mission are:—
1   Robert Morrison, D. D., of the London Missionary Society, in China.
2   William Henry Medhurst, of do. in Java.
3   Samuel Kidd, of do. sick, in England.
4   Jacob Tomlin, of do. at the Anglo-Chinese College, Malacca.
5   Samuel Dyer, of do. at Penang.
6   Charles Gutzlaff, of the Netherlands Missionary Society, on a voyage.
7   Elijah C. Bridgman, of the American Board, at Canton.
8   David Abeel, of do. in Siam.
9   Leang-Afa, native Teacher, of the London Miss. Soc., in China.
10 Keuh-Agang, assistant to do. and lithographic printer, do.
11 Le-Asin, assistant to Leang-Afa, do.

1830년대 초반 중국선교와 연관된 서양 선교사와 중국인 현지조력자의 명단[15]

포용의 정신과 민족 간의 소통과 상호이해를 위한 노력에 큰 주춧
돌을 놓은 것이다. 기독교 선교에서 보이는 헌신적인 모범은 이를
더 효과적으로 만들었다. 세계화될 세상을 미리 내다보고 준비한
마중물로서 사역한 그들의 사역은 분명히 긍정적으로 기억되어야
할 것이다.

---

15   Christian Ministers of various Denominations (ed.), *The Calcutta Christian Observer*,
      1833, 433.

episode photograph
루터종교개혁 500주년과 칼 귀츨라프(2017. 5. 1~5. 6)

Evangelische Akademie Thüringen
IM ZINZENDORFHAUS NEUDIETENDORF

Evangelische Akademie Thüringen, Zinzendorfplatz 3, 99192 Neudietendorf

Prof. Dr. OH Hyun-Ki
Whasung Parkdream Eastvally APT 101-1203
34, Songna-ro 10-gil, Dong-gu,
Daegu, 41259

Evangelische Akademie Thüringen
Zinzendorfplatz 3
99192 Neudietendorf
Telefon   036202 / 984-0
Fax   036202 / 984-22
info@ev-akademie-thueringen.de
www.ev-akademie-thueringen.de

Prof. Dr. Michael Haspel
Direktor
haspel@ev-akademie-thueringen.de
036202 / 984-0

Sebastian Tischer
Assistent der Akademieleitung
tischer@ev-akademie-thueringen.de
036202 / 984-19

8. Februar 2017

Invitation for the celebration of the 500th Reformation
Anniversary

Dear Prof. OH,

it is an honour for us, to invite you for the opening of the celebration of the 500th Reformation Anniversary to Thueringen.
We would be delighted if you could be in Thueringen from May 1st to May 6th 2017, especially for the opening of the national exhibition on "Luther und die Deutschen" (Luther and the Germans) on May 3rd at the historic site of the Wartburg in Eisenach.

Other aspects of your programme (visits, lectures) are to be arranged.

We can offer to cover the costs for your accomodation and the travel costs from Frankfurt Airport to Erfurt and from Erfurt to Berlin.

We are very much looking forward having such a distinguished scholar as our guest!

Sincerely yours,

Prof. Dr. Michael Haspel
Director of the Protestant Academy of Thuringia

Bankverbindung
Evangelische Bank eG
Kontoinhaber:
Evangelische Akademie Thüringen
IBAN DE84 5206 0410 0008 0088 50
BIC GENODEF1EK1

독일 튀링엔주 기독교학술원이 저자를 2017년 5월 3일 루터 종교개혁 500주년 기념으로 아이젠나흐의 바르트부르크성(Wartburg in Eisennach)에서 열리는 국가전시전인 "루터와 독일인(Luther und die Deutschen)"의 개회식에 초대한다는 초청장.

루터 종교개혁 500주년 기념 국가전시전 개회식(2017. 5. 3)이 열리는 아이젠나흐의
바르트부르크성. 마틴 루터가 1521년부터 2년 동안 이 성에서 숨어지내며 신약성경을
그리스어에서 독일어로 번역한 유서 깊은 곳이다.

루터 종교개혁 500주년 기념 개회 전시전 개회식이 열리는 아이젠나흐의
바르트부르크성의 식장인 콘서트홀(2017. 5. 3).

루터 종교개혁 500주년 기념 전시전 개회식에서 축사한 독일연방정부
문화와 미디어 장관 모니카 그뤼털스(Monika Grütters)와의
기념사진(2017. 5. 3).

독일 루터 종교개혁 500주년 기념 행사 준비위원회의
주선으로 독일 국립 에어푸르트 대학교 동아시아
세미나에서 열린 특강(2017. 5. 3).
제목: 한국인의 관점에서 본 귀츨라프의 선교(Mission
von Gützlaff aus koreanischer Sicht)

2017년 5월 4일(목) 에어푸르트시 근교 노이디텐도르프(Neudietendorf)에 소재한 헤른후트 형제단교회(Evangelische Brüdergemeinde Neudietendorf) 교육관에서 귀츨라프와 한국선교를 주제로 열린 특강. 귀츨라프가 1850년 10월 15일 저녁 이 교회를 방문하여 특강을 했던 곳이라, 주최측에서 특강을 맡은 저자를 배려하여 이곳으로 장소를 기획했다 한다.

루터 종교개혁 500주년 기념 행사 준비위원회의 주선으로 독일 튀링엔주 바트
프랑켄하우젠–존더하우젠 지역목사총회 (Kreissyode des Kirchenkreises Bad
Frankenhausen-Sonderhausen, 2017. 5. 5)에서 열린 귀츨라프 관련 특강.

2017년 독일 루터 종교개혁 500주년 행사 준비위원회 독일 튀링엔주 주정부의
대표자(the representative of the Thuringian state government for the
preparation of the Reformation anniversary Luther 2017)인 토마스 자이델
박사(Dr. Thomas A. Seidel, 국제 마틴 루터 재단의 총재)의 초대로 오찬을 같이했다.
이 자리에서 저자의『굿 모닝, 귀츨라프』를 선물했다(2017. 5. 7).

제2장
귀츨라프의 눈에 비친 조선인의 인상

"성경이 우리에게 가르친 대로 하나님은
또한, 이 첫 번째 미약한 시작을 축복하실 것이다.
우리는 조선 위에 더 좋은 날이 밝아 오기를 소망한다."

– Gützlaff, Aufenthalt(1835) 중에서

문화란 인간이 자연을 변화시키거나 새로운 것을 창조해 나가
는 인간적 행위를 말한다. 즉, 문화란 한 사회가 가지는 삶의 양식
이다. 사회별로 그 사회의 자연환경 및 역사적 환경 속에서 독특하
게 형성된 문화 간의 교류는 각 사회의 문화에 대한 객관적이고 편
견 없는 이해를 바탕으로 해야 한다. 그런데 조선과 서양 사이의 서
양문화 중개자들은 조선인을 어떻게 서양에 소개했을까? 우리는 조
선 시대 이전에도 한국인[1]에 대해 언급한 문헌을 발견하지만, 대부
분 편협하거나 부정적 선입견을 품도록 하는 진술들이 주류를 이루
고 있다. 서양과 한국인들의 교류가 시작된 조선 시대에도 한국인
을 거론한 대부분의 서양인은 헨드릭 하멜(Hendrik Hamel, 1630-1692)
을 제외하고는 장기 거주가 아닌 탐방 중 조선을 지나가다 제한적
으로 조선인들을 만났거나, 다른 동양인들에 들은 바를 확인 없이
남긴 글들이 많았다. 그래서 그들이 쓴 글 중 많은 부분이 단편적 정
보를 제공하거나, 편협한 시각을 가진 기존 정보들을 왜곡 재생산
하는 경우가 많았다.

이에 본 서에서는 '서양에 알려진 한국인들의 인상(印象)에 대

---

1   이 장에서 '한국인'은 편의상 삼국시대 이후 한반도에 거주했던 주민 전체를 통칭하
는 개념으로 사용되었다.

해 결정적 변화를 줄 만한 정보를 누가 제공했는가? 그 정보는 한국인들을 이해하는 데 실제로 어떤 새로운 시각을 제공했으며, 영향을 미쳤는가? 결과적으로 그로 인한 한국인들의 인상에 대한 어떤 변화가 있었는가?'라는 질문을 제기하고자 한다.

본 장에서는 그것의 시작을 귀츨라프로부터 찾고자 한다. 본서에서는 실제로 그의 글들에서 한국인을 어떻게 묘사하고 있는지, 그리고 그가 묘사한 한국인상은 과거 조선을 방문한 문화 중개자 역할을 한 이들과 어떤 차이가 있는가 등을 연구의 대상으로 삼고자 한다.

이 문제에 해답을 찾고자 한다면, 단연 주목해야 해야 할 책은 그가 조선을 방문하고 쓴 첫 번째 책인 1834년 발간된 『Journal of three voyages along the coast of China』[2]이다. 원래 이 책은 조선방문 다음 해인 1833년에 뉴욕에서 『Journal of two voyages along the coast of China in 1831, 1832』("1, 2차(1831, 1832)의 중국 항해일지")라는 이름으로 단행본으로는 첫 번째로 발간된 바 있다. 그 후 영어로 판을 거듭하면서 여행기가 보충되었고, 독일어와 심지어 화란어로도 번역되어 세계에 알려졌다. 귀츨라프 이전에 이 만큼 조선에 대해 비교적 객관적으로 정확히 기록된 책은 흔하지 않았다. 특히 조선을 선교대상지로서 선교적 안목으로 관찰한 것도 이 책이 처음이

---

2   영문: Charles Gutzlaff, *Journal of three voyages along the coast of China in 1831, 1832 and 1833*, 1.ed. (London: Frederick westley and A. H. Davis 1834).
독문: Karl Friedrich August Gützlaff, *C. Gützlaff's, Missionars der evangelischen Kirche, dreijähriger Aufenthalt im Königreich Siam nebst einer kurzen Beschreibung seiner drei Reisen in den Seeprovinzen Chinas in den Jahren 1831-1833*, (Basel: Felir schneider, 1835).

고대도 귀츨라프 기념비 동판
테라 코타(terra cotta)
오의석 교수 제작, 오현기 소장

다. 그는 세계가 조선에 대해 선입견과 편견을 가지고 있을 때, 조선
에 대해 객관적으로 이해하기 위해 연구했던 사람 중의 하나였다.

귀츨라프는 정치, 사회, 문화를 관찰하고 또 직접 조선인들과
교류하고 친선을 맺음으로 귀츨라프 이전의 조선에 대한 기록보다
더 체계적이고 객관적인 조선과 조선인 상을 남길 수 있었다. 본 서
는 귀츨라프가 이러한 관찰을 통해 묘사된 조선과 조선인들에 대한
인상이 그전의 서양인들이 가진 선입견과 편견을 깨는 데 일조했
으며, 동시에 새로운 조선과 조선인들의 인상을 정립하는 데 이바
지했음을 밝히고자 한다. 무엇보다도 선교적 관점에서 조선에 대한
이해를 심화함으로 조선의 복음화의 가능성을 기대하도록 하는 데
기여했다는 점을 또한 밝히고자 한다.

1   서양인들에 비친 한국인에 대한 인상

1) 통일신라시대와 고려시대

한국인에 대한 첫 번째 언급은 서양인들에 의해서가 아니라 아랍인
들에 의해서이다. 이 시기는 신라 제49대 왕 헌강왕(憲康王) 시기인
데, 페르시아의 지리학자 이븐 쿠르다드빈(Ibn Khurdadbin)의 885년
에 발간된 책『도로들과 왕국들에 관한 책(Book of Roads and Provinces)』
에 나타난다.[3] 여기서는 "신라는 금이 많은 산악 지형의 나라"라고
소개하고 있다.[4] 이 책을 필두로 하여 10세기 신라에 대해 관심을
표방한 아랍 성직자들, 알 타지르(Al-Tajir)와 알 무사드(Al-Mus'ad)의
저작물에 "신라는 중국의 동쪽 해안에 위치한 금이 풍부한 나라"로
묘사되고 있다.[5] 12세기 중동의 지리학자들도 공통적으로 신라를
금을 비롯한 보석들이 풍부한 나라로 묘사했다.[6] 신라와 교역하던
중동의 회교도들이 신라에 많이 거주했으며, 신라인과 결혼해서 여
러 혜택을 받으며 정착했다.[7] 그만큼 외국과의 교류가 빈번했다.

13세기 고려시대에는 프란체스코 수도회 기욤 드 루브룩
(Guillaume de Rubruck, 1215-1295)이 몽고에서 고려의 사신단을 만난

---

3   Isabella Lucy Bird, *Korea & Her Neighbours Hb* (New York: Routledge, 2002), 12.

4   Joung Yole Rewa, "Muslims in Korea: an economic analysis," *Institute of Muslim Minority Affairs. Journal*, Volume 3, Issue 2, 1981, 127.

5   Yunn Seung-Yong, *Religious culture in Korea* (Seoul: Hollym, 1996), 99.

6   정수일,『문명사교류』(서울: 사계절, 2002), 300-308.

7   김정위, "중세 중동 문헌에 비친 한국상",『한국사연구』(제16집, 1977), 29-50; 정수
     일,『문명사교류』, 294.

후 고려에 대해 관심을 가지고 쓴 글이 한국인이 유럽에 알려지는 계기가 되었다. 이는 역사상 한국인이 최초로 천주교도를 만나는 기록이 되었다.[8] 한불 관계 전문가 프레데릭 불레스텍스(Frederic Boulesteix)가 루브룩의 글을 관찰한 결과에 의하면, 루브룩은 접촉한 고려의 인상을 미개했지만, 동시에 문명화된 면이 있으며, 지리적으로는 멀리 떨어져 있어 폐쇄되었기에 더욱 멀게 느껴진 나라의 인상을 유럽인들에게 심었다고 평가하고 있다.[9] 이처럼 한국은 금이 많은 미지의 나라라는 인상과 함께, 미개하며, 지리적 폐쇄성을 지닌 나라 정도로 이해했음을 알 수 있다.

2) 조선시대

15세기 유럽의 세계탐험이 빈번해지면서 한반도는 점점 서양의 관심 대상이 되어간다. 당시 조선의 해묵은 쇄국정책은 조선을 세계사의 흐름에 편성하지 못하도록 막고 있었다. 늦은 개방과 개화가 18, 19세기의 식민주의와 제국주의의 도전 앞에 미리 준비를 갖추지 못함으로 역사의 불행을 자초했다 해도 과언이 아니다.

조선이 본격적으로 유럽에 알려지게 된 계기는 주로 일본에서 예수회에 소속되어 선교활동을 하던 천주교 선교사들에 의해서다. 일본에서 선교한 스페인 출신 예수회신부 가스빠르 빌레라(Caspar

---

8   Malte Rhinow, *Eine kurze koreanische Kirchengeschichte bis 1910* (Wien, Berlin: Lit Verlag: 2013), 25.

9   프레데릭 불레스텍스, 『착한 미개인 동양의 현지: 서양인이본 한국인 800년』, 이향 · 김정연 역(서울: 청년사, 2001), 26.

Vilela, ca. 1525/6-1572)가 1567년 이후 조선에서의 선교를 처음으로 계획했으나, 그의 인도 선교 여행길에 말라카에서 갑작스러운 죽음으로 실행에 옮기지는 못했다.[10] 그런데 빌레라가 1571년에 쓴 편지들에는 "일본과 중국 사이에 꼬레아라는 나라가 있으며, 그곳의 건장한 남자들과 전사들은 활을 잘 쏘고 창과 칼을 잘 쓰는 훌륭한 기마병"이라고 기록했다.[11] 그러나 그는 부정확한 정보도 남기고 있는데, 이는 조선을 직접 방문해 얻은 정보가 아니기에 한계가 있었을 것이다. 조선인들이 사자와 호랑이를 사냥했다고 기록한 것이 한 예라고 할 수 있다.

1578년에 이탈리아 출신 신부 안토니오 프레네스티노(Antonio Prenestino, 1542-1589)는 마카오에서 일본으로 향하던 배에 탑승했는데, 그 배가 폭풍을 만나 조선으로 표류하다 일본 나가사키로 갔다. 프레네스티노는 그때 경험한 내용을 『1578년 일본행 포르투갈선 표류 항해기록』에 남겼다. 그가 탔던 배의 안내자에게서 들은 내용을 이 책에 그대로 인용하고 있는데 여기서 프레네스티노 자신의 조선에 대한 인식을 알 수 있다. 그는 조선을 "일본보다 미개한 달단(만주) 사람이 사는 섬" 또는 "조선에는 야만적이고, 잔인한 백성이 사는데, 외국인과의 통상을 원하지 않는다"라고 썼다.[12] 그가 표류한 사실은 조선의 기록에는 나타나지 않는다. 이 기록은 조선인에 대한 악의적인 비하와 함께 부정적 인상을 심어 주기에 충분했다.

---

10 James Huntley Grayson, *Early Buddhism and Christianity in Korea: A Study in the Implantation of Religion* (Leiden: Brill, 1985), 70.

11 오인동, 『꼬레아, 코리아: 서양인이 부른 우리나라 국호의 역사』(서울: 책과함께, 2008), 78.

12 박천홍, 『악령이 출몰하던 조선바다』(서울: 현실문화 2008), 96.

조선을 직접 방문하고 조선에 대해 글을 쓴 첫 번째 사람은 스페인 출신의 예수회 신부 그레고리오 데 세스뻬데스(Gregorio de Céspedes, 1550-1611)이다. 그는 임진왜란 당시 1593년 12월에 고니시 유키나와(小西行長)의 도움으로 조선에 왔다. 그는 은밀히 진해, 웅천 지역에 들어왔다. 그곳의 일본군 주둔지에서 쓴 편지를 통해서 웅천 지역의 천주교 신자들이 굶주림과 추위와 질병에 시달리고 있음을 알렸다.[13] 이처럼 그의 편지 내용은 그 곳에서의 매우 추운 날씨와 좋지 않았던 경험들을 담고 있었다.[14] 당시 비록 전쟁 중이기는 했지만, 이 역시 유럽인들이 조선의 인상을 부정적으로 보게 하는 데 일조했을 것이다.

조선에 대한 기록을 남긴 또 다른 중요한 인물은 조선을 방문하진 못했으나, 임진왜란 때에 일본에 포로로 끌려온 조선인들을 만났던 포르투갈 출신의 예수회 선교사 루이스 프로이스(Luís Fróis, 1532-1597)이다. 그는 조선이 중국에 조공을 바치는 국가이지만, 중국인들은 조선을 두려워하였고, 매년 300명의 일본인들과의 교역 외에는 어떠한 외국과의 무역도 허락하지 않는 쇄국정책을 펴고 있음을 기록했다. 만약 외국 배가 도착하면, 어떤 방법을 동원해서라도 조선의 땅에서 쫓아낸다고 썼다.[15] 조선의 쇄국정책이 강력했음

---

13 박철, 『예수회 신부 세스뻬데스: 한국방문 최초 서구인』(서울: 서강대학교 출판부, 1987), 68-84. 박철은 이 책에서 세스뻬데스의 사목활동은 임진왜란에 종군한 일본 군에 국한된 것으로 보이며, 조선인들에게도 선교하고 세례를 베풀었을 가능성은 있지만, 관련된 정확한 사료가 아직 발견되지 않았다고 한다.

14 Donald F. Lach, *Asia in the Making of Europe, Volume I: The Century of Discovery* (Chicago: University Of Chicago Press, 1994), 721.

15 박천홍, 『악령이 출몰하던 조선바다』, 35-38.

을 알려주는 이 책을 통해 조선의 폐쇄적인 국가 이미지를 더욱 공고히 하기에 충분한 진술이었다.

1627년 조선에 표착해온 벨테브레(Jan Janes Weltevree, 1595-?)는 서양인들의 조선인들에 대한 선입견을 보여주는데, 그는 조선인들이 인육을 구워 먹는 사람들로 생각했음을 알 수 있다.[16] 벨테브레의 인식이 당시 조선에 대해 무지했던 서양인의 인식을 대변한다.

조선에 대한 구체적 소개는 1653년(효종 4년 8월) 네덜란드 상선인 "데 스페르베르(De Sperwer)"호를 타고 제주도에 표류한 헨드릭 하멜에 의해서다. 그 후 13년 28일을 머물면서 조선을 경험했다. 그가 네덜란드인이라 개신교인으로 추정되지만, 조선 측 평가는 '하멜 일행이 기독교도가 아니라, 전라도 해안에서 14년간 어업에 종사한 단순 표류민'이라 기록하고 있다.[17] 그러나 1668년에 발간된 『표류기』를 보면 조선생활을 담은 부분은 그리 길지 않다. 하멜은 그의 『표류기』를 통해 서양인들에게 조선의 풍습과 문화를 더 이해시켰다기보다 오랜 시간 외국인을 억류하거나 가혹한 행위를 한 "비(非) 기독교적 야만인"이라는 두려운 인상만 서양에 더욱 심어 줬다.[18] 사실 하멜의 경우 조선에 강제로 붙잡힌 몸임으로 조선인들에 대해 자신의 감정이 조선인들에 대한 객관적인 상을 소개하는 데 한계가 있었을 것이다.

그런데 주목할 만한 조선에 대한 기록은 1748년 프레보(L'Abbé Prévos, 1697-1763) 신부의 『여행의 역사』라는 책에서 나타난다. 이 책

---

16   정재륜 · 강주진 역, 『동평위 공사 견문록』(서울: 영양각, 1985), 337-338.
17   김영원 외, 『항해와 표류의 역사』(서울: 솔, 2003), 223.
18   시볼트, 『시볼트의 조선견문기』, 유상희 역(서울: 박영사, 1987), 49f.

의 6, 7권에서 조선을 소개했는데, 그는 조선인들이 대체로 온순한 천성을 가지고 학문에 관심이 많은 긍정적인 면을 소개함과 동시에 조선에는 방탕한 여자들이 많고, 젊은 남녀들이 지나치게 자유분방하다고 부정적인 양면을 함께 소개하고 있다.[19]

1816년(순조 16년) 7월에 영국 국적의 군함인 프리기트함 알세스트호(Alceste)와 범선 리라호(Lyra)가 탐사 목적으로 조선을 방문했다. 원래 이 배의 항해 목적은 중국과의 외교교섭을 위해 영국 외교관 애머스트(Sir Jeffrey William Pitt Amherst, 1773-1857)를 비롯한 외교 특사단을 호위하는 임무가 주목적이었다. 알세스트호는 머레이 맥스웰(Murray Maxwell, 1775-1831) 대령이 리라호 바실 홀(Basil Hall, 1788-1844) 대령이 선장을 맡았었다. 이 특사단이 파송된 이유는 중국과의 교역을 위해 광동 지역 이외의 새로운 무역 항구를 열어줄 것과 유럽인들과의 독점무역과 조세 징수권을 누리고 있던 공행(公行)이라는 상인조합을 통하지 않고 자체적으로 무역할 수 있도록 청나라 정부에 요구하기 위함이었다.[20] 이때 애머스트 일행의 통역으로 당시 영국 동인도회사 통역관으로 일하던 중국 최초의 개신교 선교사였던 로버트 모리슨 선교사가 동행했다.[21] 그 사신단이 중국 북경으로 들어간 사이 알세스트호와 리라호가 1816년 8월 29일 발해만을 떠나 1816년 9월 1일 오전 9시 백령도와 대청도 사이에 도착하여

---

19 프레데릭 불레스텍스, 『착한 미개인 동양의 현지: 서양인이본 한국인 800년』, 60.

20 이준엽, 『중국 최근 근세사』(서울: 일조각, 1967), 44-47.

21 Benjamin A. Elman, *On Their Own Terms: Science in China, 1550-1900* (Cambridge: Harvard University. Press. 2005), 284.

알세스트호(HMS Alceste)[22]

9월 10일까지 서해안을 측량하였다.[23]

- 진수: 1804년 5월(프랑스해군 소속)
- 영국해군 소속: 1806년 9월 이후
- 전투함으로 개조: 프리기트함, 1814년
- 파선: 1817년 2월(화재 후 파선)
- 탑재: 대포 38문, 1817년 이후 대포 46문 장착
- 톤수: 1,097 71/94 (bm)

---

22 https://en.wikipedia.org/wiki/French_frigate_P%C3%A9n%C3%A9lope_(1806)#/
    media/File:La-fregate-de-18-la-penelope-1802-1816-par-francois-roux-18772.
    jpg

23 Basil Hall & Herbert John Clifford, *Account of a voyage of discovery to the west coast
    of Corea, and the Great LooChoo Island* (London: John Murray, 1818), 7.

- 길이: 152.5ft(46.5m)
- 폭: 40ft(12.2m)
- 추진력: 범선의 풍력
- 승무원: 284명(이후 315명)

그리고 인근 섬들의 주민들과 만나고 마을들을 탐사했다.[24] 당시 군의관 존 맥클라우드(John McLeod)는 난폭한 주민들에 대해 기록을 남겼다.[25]

그들이 조선 연안을 탐방하던 중 같은 해 9월 4일에 충청도 마량진(馬梁鎭) 갈곶(葛串, 현 충남 서천군 서면 마량리) 밑에 도착해서[26] 맥스웰 함장이 마량진 첨사(수군첨절제사水軍僉節制使, 종3품) 조대복(趙大福)에게 영문 성경책을 선물[27]한 것이 최초의 성경전래이다. 이러한 10일간의 조선 방문의 상세한 기록을 담은 책이 1818년 런던에서 바질 홀에 의해 『한국 서해안과 유구(琉球)섬 항해기(Basil Hall & Herbert John Clifford, *Account of a voyage of discovery to the west coast of Corea, and the Great LooChoo Island*)』라는 이름으로 1818년에 런던에서 출간되었다. 이 책에는 조선인들의 문화에 대한 단편적 관찰과 언어채집에 대한 중요한 정보와 화보가 담겨 있지만, 기존의 선입견의 변화를 줄 만큼의 긍정적인 진술을 찾아보기 어렵다.

24　Basil Hall & Herbert John Clifford, *Account of a voyage*, 7.

25　John McLeod, *Voyage of His Majesty's ship Alceste, to China, Corea, and the Island of Lewchew, with an account of her shipwreck: to China, Corea*, 3rd ed. (London: J. Murray. 1820), 52.

26　『조선왕조실록』 순조편, 1816년 7월 19일(음력) 충청 수사(忠淸水使) 이재홍(李載弘)의 장계에 나타난다.

27　Basil Hall & Herbert John Clifford, *Account of a voyage*, 41.

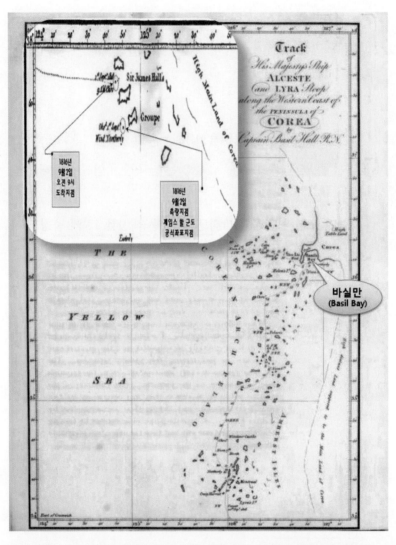

조선 서해안 지도: 제임스 홀 군도(대청군도는 좌측 위부터 백령도, 대청도, 소청도 순)와 바실만(서천 마량진)[28]

---

28 Hall, Basil & Clifford, Herbert John, *Account of a voyage*, 1818. Appendix page x-xviii

귀츨라프 ON 고대도

이상에서 살펴본 것처럼 조선에 대한 대부분의 기록은 개인의 부정적 경험에 의한 주관적 판단에 의해 이루어진 경향이 강했다. 정확한 사실에 근거해 있지 않은 경우가 많았고, 그로 인한 부정적인 인상이 주를 이룬다. 그렇다면 본격적으로 조선인들에 대한 비교적 객관적 평가는 누구로부터 어떻게 이루어졌는가? 기존의 불명확하거나 조선인에 대한 부당한 선입견은 실제로 조선에 진입해, 한 달간 머물면서 조선인들과 어울려 직접 교류한 귀츨라프의 글을 통해 조선의 실체나 조선인들에 대한 상이 그것이 부정적이든지 긍정적이든지 간에 좀 더 객관성이 더하고, 구체화되었다고 할 수 있다. 특히 귀츨라프는 선교적 관점에서 직접 현지를 방문해 생활 모습을 관찰하고 분석했으며, 이질적 문화 간의 비교를 통해 공통점과 차이점을 비교 연구했으며, 객관적으로 설명되지 않는 종교적 상황을 직관과 통찰을 통해 심층적으로 파악하려는 노력을 보이고 있다.

2 　　　　귀츨라프가 정립한 새로운 조선인의 인상

1) 정치·사회 분야

귀츨라프가 조선을 방문 후에 기록한 『Journal of three voyages along the coast of China(이하: 항해기)』에서 보이듯이, 이미 조선(Tschau-sin)[29]

29　K. Gützlaff, *Aufenthalt*, 1835, 242.

이라는 나라와 한반도에 사는 원주민들에 대한 상당한 역사적·문화적·종교적인 지식을 사전에 소지하고 있었음을 알 수 있다. 동시에 중국의 역사에 대해 깊이 있는 지식을 가지고 있었던 귀츨라프는 조선과 중국의 역사적·정치적 관계성뿐만 아니라 또한 중국과 조선과의 대외 교역에 관한 기본적인 정보를 이미 습득하고 있었다.[30] 그의 지식은 주전 2400년경에 있었던 요순(Ya-au) 시대[31]로 거슬러 올라가고 있으며, 명나라 청나라로 이어지는 중국의 역사 속에서 조선과의 역사 관계를 잘 파악하고 있다.[32] 또한, 귀츨라프는 일본과 관계된 역사에 있어서도 해박한 지식을 가지고 있었다. 예를 들면, 임진왜란 발발의 원인과 결과, 언제 일본군의 철수가 이루어졌는지 연도까지 상세히 기술하고 있다. 임진왜란에 종군한 일본 장수와 군사들을 가톨릭 신앙의 소유자임을 들어 천주교 신앙이 먼저 한반도에 들어왔다고 보았다. 이는 실제로 스페인 출신 예수회 신부 세스페데스(Gregorio de Céspedes, 1551-1611)가 1593년 12월 27일 임진왜란에 종군한 일본인 장수 고시니 유카나가(小西行長)을 방문하여, 조선에 약 일 년간 체류하면서 일본군 신자를 돌보았다는 사실과 부합된다.[33]

귀츨라프는 하멜과 그의 일행이 한반도에 표류하여 억류되었던 사실 또한 알고 있었다. 그리고 귀츨라프는 그 일을 한마디로

---

30 C. Gutzlaff, *Journal*, 1834, 319.

31 K. Gützlaff, *Aufenthalt*, 1835, 243.

32 K. Gützlaff, *Aufenthalt*, 1835, 243.

33 K. Gützlaff, *Aufenthalt*, 1835, 244. 박철, "한국방문 최초 서구인 그레고리오 데 세스뻬데스 연구", 『외대사학』, 1987/10, 97-144.

"그의 수난사(Geschichte siner Leiden)"라고 정리했다.[34]

귀츨라프는 그의 항해기에서 조선의 국왕이 수천 개 섬의 지배자인 동시에 300여 개의 도시를 다스리는 지배자로 비교적 상세히 소개했다.[35] 귀츨라프는 당시 조선을 포함한 국제정세도 정통했다. 조선의 국왕은 외국으로부터 독립을 지키기 위한 충분한 권력을 가지고 있었지만, 조선은 중국의 황제에게 일 년에 네 번 씩 조공을 바치는 조공국(zinspflichtiges Königreich)이라고 파악한 것이다.[36] 그는 이미 조선에 대한 사전 지식을 중국통계집(Chinese statistical Work)을 통해 습득했다고 한다.[37]

조선이 중국의 속국이 아니라, 조공국이라는 점은 귀츨라프와 교섭했던 조선의 고관도 인정한 사실이었다. 예를 들면 1832년 8월 9일 조정에서 파견되어 온 역관 오계순은 조선을 스스로 부당하게 비하하여 중국 황제의 허락을 받지 않으면 아무것도 할 수 없는 속국인 것처럼 묘사한 적이 있다. 그래서 오계순은 조선이 귀츨라프 일행과 교류할 수 없다고 했다. 반면 귀츨라프는 오계순에게 그의 사전 지식, 즉 조선이 단지 조공국가이라는 사실을 확인시킴으로써 조선은 자체의 국법을 가진 독립된 나라임을 인지시켰다. 귀츨라프 때문에 자신의 나라를 비하한 오계순은 부끄러움을 당했다.[38] 귀츨라프는 스스로 폐쇄적일 뿐 아니라, 사대주의적 시각을 가진 당시

---

34   K. Gützlaff, *Aufenthalt*, 1835, 246.

35   C Gutzlaff, *Journal*, 1834, 330.

36   K. Gützlaff, *Aufenthalt*, 1835, 242f.

37   C Gutzlaff, *Journal*, 1834, 330.

38   C Gutzlaff, *Journal*, 1834, 349.

조선 고관들에 대해 정확한 비판을 가한 것이다.

귀츨라프가 방문할 당시 조선은 강력한 쇄국정책을 시행 중이었다. 동시에 외국 종교, 특히 천주교에 대해 강력한 억압정책이 시행되고 있었다. 실제로 조선시대 천주교 3대 박해, 즉 신유박해 (1801)와 1839년 헌종 5년에 내려진 기해박해, 1866년 고종 3년의 병인박해 중 두 번의 큰 박해가 귀츨라프 내한의 전후로 발생했다. 귀츨라프는 1801년(순조 1년)에 있은 신유박해(辛酉迫害)를 포함하여 당시 광범위한 천주교 박해사건까지 이미 알고 있었다.[39] 신유박해 때 당시 조선에 비밀리에 들어온 청나라 신부인 주문모를 포함하여, 조선인 약 100명이 처형되고 약 400명이 유배되었다. 1811년 3월 3일 천주교도를 엄벌하라는 왕명에 의해 5월 23일 충청도의 천주교도 박옥귀와 안정구가 사형을 당했고, 1812년 10월 15일 충청도 천주교인 장어둔남, 김덕이가 처형되고, 1815년 경상도 천주교인 29명이 체포당하기도 했다.[40] 귀츨라프의 방문 시기를 보면, 신유박해와 1839년에 있은 기해박해(己亥迫害, 헌종 5년) 사이로 시대적 불안정으로 인해 충분히 천주교도로 오해를 받아 뜻하지 않은 일을 당하기가 쉬운 시기였다. 공충감사(公忠監司) 홍희근(洪羲瑾)이 장계에 나타났듯이, 로드 애머스트호의 승선자들은 자신들의 나라가 "대대로 야소교(耶蘇敎)를 신봉해 왔다"[41]라는 사실을 알렸음에도 불구하고 탄압의 대상이 되지 않은 것은 당시 정치적 분위기로 보았을 때, 거의 기적에 가까운 일이다.

---

39   K. Gützlaff, *Aufenthalt*, 1835, 246f.
40   박천홍, 『악령이 출몰하던 조선바다』, 2008, 201f.
41   『조선왕조실록』, 순조편, 1832년 음력 7월 21일.

귀츨라프는 그의 항해기 1832년 7월 18일자 기록에서 당시 조선의 상황과 선교적 가능성, 그리고 선교를 방해하는 장애물을 가톨릭 박해와 천주교인의 순교와 연결하여 언급하였다. 그때 그는 "배타적 증오심을 가진 제도를 통해 야기된 야만적 상태(Der Zustand der Barbarei, der durch das gehässige System der Ausschließung)"[42]라고 당시 시국을 판단하고 있었으며, 그의 생각에는 조선의 수도에 유럽인이 한 명도 없으며, 기독교(Christentum)라는 이름이 민간에 잘 알려지지 않았다고 판단했다.[43] 이런 상황 속에서 조선에서의 선교사역은 "하나님의 은혜의 섭리를 이룰 때가 언제가 될지 알 수 없다"[44]는 상황이었다. 그 시기에 조선을 방문한다는 것은 그에게 있어서는 도전의 의미를 넘어 최악의 상황까지도 상정했음 알 수 있게 해 준다.

이러한 정치적 · 사회적 상황에서 귀츨라프가 행한 효과적인 선교방식은 문서선교 방식이었다. 귀츨라프가 조선인들에게 나눠 준 책은 주로 전도서적이나 성경 쪽복음이었다. 이것은 중국에서도 그가 즐겨했던 선교 방식이었는데, 문서선교는 앞서 조선의 천주교 탄압정책에 비추어보면 자신의 생명을 담보한 일임이 분명했다. 그러나 그는 하나님의 섭리(Gnadenrat Gottes)가 허락되어서 이러한 강력한 장애물인 쇄국정책이 제거될 날을 기대하면서[45] 자신에게 생명의 위협이 항상 있는 것을 알고서도 조선에서 선교를 감행한 것이다.

---

42   K. Gützlaff, *Aufenthalt*, 1835, 242.

43   K. Gützlaff, *Aufenthalt*, 1835, 246.

44   K. Gützlaff, *Aufenthalt*, 1835, 247.

45   K. Gützlaff, *Aufenthalt*, 1835, 247.

귀츨라프가 이러한 정치적 상황 속에서도 놓치지 않은 부분이 있었다. 그것은 귀츨라프가 조선에서 자주 접했던 주민들의 외국인을 향한 적대감은 따뜻한 성품을 가진 조선인들의 본의와는 다르게 나타나고 있었다는 것을 간파한 것이다. 외국인을 적대적으로 대한 이유는 외국인과 접촉하면 사형을 당하는 국법이 있었기 때문이었다.[46] 그러나 귀츨라프는 조선인들이 개별적으로 악의 없는 외국인을 만나면, 조선인들은 친절했고, 다정하게 대했다고 기록했다.[47] 이렇듯 적대적이거나 냉담한 조선인들의 이면을 발견한 귀츨라프는 당시 행해지고 있던 쇄국정책이 국가의 성장과 번영을 이룰 수 없는 요인이며, 이것은 세계 그 어디에도 없는 폐쇄성을 지닌 악의적인 제도라고 비판했다.[48] 이 쇄국정책은 결국 조선이 서양과의 통상뿐만 아니라, 서양문화와 종교와의 교류가 원천적으로 불가능하게 만들었다.

그러나 이러한 강력한 쇄국정책 가운데에서도 1832년 귀츨라프는 로드 애머스트호[49]라는 조선 최초의 서양 통상 요구선 위에서 "국왕의 감사를 위한 비망록(a Memorial for the Inspection of the King)"이라 이름이 붙여진 편지 형식의 일종의 협정서를 조선 조정에서 파견한 사람들에게 보여주었고, 이 편지에는 귀츨라프와 그와 함께 온 영국 동인도회사 상무관인 린지의 서명이 함께 들어가 있다.[50]

---

46   K. Gützlaff, *Aufenthalt*, 1835, 248.

47   C. Gutzlaff, *Journal*, 1834, 328; K. Gützlaff, *Aufenthalt*, 1835, 248.

48   K. Gützlaff, *Aufenthalt*, 1835, 242f.

49   로드 에머스트호의 규모(크기, 톤수, 구조와 장비 및 승선인원)에 대해서는 오현기, 『굿 모닝, 귀츨라프』, 2014, 215-240를 참고하라.

50   Hugh H. Lindsay & Carl F. Gützlaff, *Report of Proceedings on a Voyage to the*

(Signed) " *Hoo-hea-me.*
" *Kea-le.* "
" *Taoukwang,* 12th year, 7th moon, 15th day. "

이와 같은 내용이 한문으로 담겨있는 『척독류함정문서달충집(尺牘類函呈文書達衷集)』[51]에는 한문 서명이 존재한다.

이것을 통해 항해의 대표자인 린지와 함께 귀츨라프의 위상을 알 수가 있다. 이 문서는 귀츨라프가 쓴 한문 한 부와 번역본인 영문 한 부 그리고 한문 사본 네 부이며, 귀츨라프와 접촉한 당시 고관들 네 명에게 각각 나누어 주었다. 이는 국왕에게 이 협정에는 영국 선박이 곤경에 빠지면, 충분한 식량을 제공해 줄 것과 조선의 해안에서 조난되면 선원들을 중국 북경으로 송환해달라는 요청이 명기되어 있다. 이 협정문에 고관들은

귀츨라프와 린지의 공동 서명[52]

northern Ports of China, in the Ship Lord Amherst, 2nd ed. (London: Fellowes, 1834), 256.

51 『척독류함정문서달충집(尺牘類函呈文書達衷集)』에 대한 상세한 설명은 본서 4장을 참고하라. https://archive.org/details/NineteenthCenturyCorrespondenceBetweenChineseOfficialsAndEnglishMerchants/mode/2up

52 『척독류함정문서달충집(尺牘類函呈文書達衷集)』, 82.

구두로 동의하였다.[53] 귀츨라프와 린지가 조선 관원들과 서명한 문서는 조정에서 파견한 고관들과의 약속이므로 협약의 성격을 지닌다.[54] 이는 쇄국정책 가운데서도 조선이 개방에 대한 협정을 맺을 수 있는 가능성을 가진 나라임을 서양에 알리는 데 긍정적으로 기여했을 것으로 여겨진다.

귀츨라프는 조선 사회의 빈부의 격차와 지위의 고하에 따른 차별에 대해서도 비판했다. 이러한 차별은 고관들이 다른 세상과의 교류를 단절시킴으로써 얻게 된 것이라고 보았다. 그는 고관들은 멋진 옷을 입고 모든 안락함을 누리는 데 비해 그 버려진 백성은 한탄스러운 가련함 속에서 살아가고 있다고 조선의 사회상을 파악했다. 또한, 고관은 자신의 존재감을 과시하기 위해 아랫사람에게 함부로 벌을 내리거나, 평민들의 행동을 이유 없이 쉽게 제약하는 것을 보면서 고관들의 지위를 이용한 권력 남용을 보았다.[55]

또한 성 차별도 존재한다고 관찰했다. 여성들의 낮은 사회적 지위는 남성들의 권위에 눌린 탓에 부녀자들의 지위가 낮아졌다고 판단했다.[56] 귀츨라프와 린지 일행이 본 바로는 조선 여인들은 강인했으며, 남자들은 여성들의 일을 돕지 않고 무리를 지어 배회하거나 요에 기대어 쉬는 동안 여성들은 여러 종류의 노동에 투입되었

---

53 H. Lindsay, *Report*, 1834, 252-256; C. Gutzlaff, *Journal*, 1834, 352.

54 이 협약 이전에도 조선에 표류해 온 외국인에 대한 처리가 조선 조정 자체 내의 내규로 명문화되어 있었다. 1808년 국왕의 통치에 참고하도록 정부 재정과 군정의 내역을 모아 편찬된 『만기요람』에는 표착인에 대한 규정이 있다. 조선에 이국인이 표착했다는 보고서가 조정에 올라오면, 표류인이 원하는 대로 송환하는 것을 원칙으로 하고 있으며, 조정에서는 표류인의 의식을 제공하도록 하는 상세한 절차와 내용을 기록하고 있다(박천홍, 『악령이 출몰하던 조선바다』, 30).

55 K. Gützlaff, *Aufenthalt*, 1835, 255.

56 C. Gutzlaff, *Journal*, 1834, 322.

다고 하였다.[57] 당시 여성의 지위에 대한 처지를 엿볼 수 있는 대목이다.

귀츨라프의 관찰에는 또한 노인의 사회적 지위를 엿볼 수 있는 이야기를 담고 있다. 조선 도착 당일인 7월 17일 지팡이를 짚은 한 노인이 "좌(tshoa)"하며 앉을 것을 권하고, 귀츨라프 일행이 알아들을 수 없는 긴 연설을 했다. 일행이 나중에 중국어를 조금 할 줄 아는 한 젊은이를 통해 알게 된 것은 그 노인이 조선의 풍속과 방문한 이방인 방문객이 갖추어야 할 의무를 일러주었다는 것이었다.[58] 이어 노인은 귀츨라프 일행에게 담뱃대와 담배를 선물로 주었으며, 나이, 이름, 어디서 왔는지 등 여러 가지 궁금한 점을 질문했다.[59]

그런데 이 이야기에서 주목할 만한 점은 귀츨라프가 노인인 연장자가 나서서 이방인에게 조선의 풍속과 의무에 대해 가르치는 것에 대해 부정적으로 묘사하지 않았다는 점이다. 오히려 그의 기록에 노인이 일행을 환대한 내용을 첨가함으로써, 연장자가 지도하는 유교적인 엄격한 조선의 관습 속에서도, 윗사람이 아랫사람을 따뜻이 대하는 모습을 보여 줌으로써 조선인에 대한 긍정적 이미지를 전달하고 있다.

물론 귀츨라프에게도 조선인들에 대한 비판적 시각이 종종 존재하지만, 이처럼 긍정적인 모습도 병행해서 보려는 입장을 자주 취하는 것을 볼 수 있다. 예를 들면 귀츨라프는 조선인들의 악덕에 대해서 말하면서, "부자연스러운 악덕도 그들(조선인들) 사이에서는

---

57   H. Lindsay, *Report*, 1834, 243.
58   C. Gutzlaff, *Journal*, 1834, 320.
59   C. Gutzlaff, *Journal*, 1834, 320.

매우 일상적이었다(Unnatürliche Laster scheinen sehr allgemein unter ihnen im Schwange zu gehen). 우리의 예절 개념은 그들과 달랐다. 그러나 그들은 무엇이 옳고 그른 것인지에 대한 모든 감각을 아직 잃어버리지는 않았다"[60]라는 기록이 좋은 예이다. 아울러 유럽인의 잣대만을 들이대지 않는, 선교지 원주민의 관점에서 이해하려는 포용적 시각을 가졌음을 보여 준다. 이것은 그의 선교사로서의 일생에 견지했던 하나의 신념과도 관계가 있다. 같은 논리로 조선인들의 일상 속에 나타난 노동에 대한 가치에 대하여 말하는 것에서도 그의 이러한 입장을 다시 만날 수 있다.

> "그들이 우리와 교제하는 가운데 사람들은 매우 건전한 판단
> 력을 보여 주었다. 거기다가 그들을 게으른 성향이 있다고 정
> 죄할 이유를 찾지 못했다. 그러나 행동 동기가 그들의 관심 밖
> 에서 밀려나 있었던 것이다. 국가가 사람들이 노동의 열매를
> 누릴 수 없도록 하였기 때문에 그들은 생계에 꼭 필요한 것이
> 아니면 그 어떤 소유도 흥미가 없었다."[61]

귀츨라프는 그가 관찰한 조선인들의 게으름을 정치적·사회적 현상 속에서 이해하고, 조선인들 편에서 변호하려는 것이다. 귀츨라프의 항해기를 읽는 서양의 독자들이 이러한 조선인의 문제에 대해 무조건적인 비판이나 편견을 지닐 수 없도록 돕고 있다.

앞서 언급한 루브룩, 스티노, 프로이스 등과 같은 한국인들에

---

60   K. Gützlaff, *Aufenthalt*, 1835, 256.
61   K. Gützlaff, *Aufenthalt*, 1835, 255.

대한 여러 부정적인 비판자와 확연히 다른 긍정적 진술을 귀츨라프의 글에서 자주 만나게 된다. 그중에서 눈에 띄는 그의 판단으로는 "이 암흑의 반도 위에 아주 낮은 계층의 사람이라 할지라도 읽기를 배웠고, 기꺼이 읽기를 좋아한다는 것은 주목할 가치가 있다"[62]라고 한 부분이다. 그리고 귀츨라프는 이것이 성경과 전도서를 읽는 자산이 될 것으로 보았다. 아울러 "주민들은 적지 않은 지적 능력을 가진 것으로 보인다"라고 높이 평가했다.[63] 그의 이러한 진술은 귀츨라프 이전의 주된 한국인들에 대한 평가, 즉 "일본보다 미개한 타타르(만주) 사람들이 사는 곳" 또는 "야만적이고 잔인한 백성", "인육을 구워먹는 사람들", 그리고 "비(非)기독교적 야만인" 등의 부정적 평가를 개선하는 긍정적인 조선인상 구축에 기여했을 것이다.

2) 문화 분야

(1) 의복

의식주와 관련된 생활문화를 자세히 관찰하여 객관적으로 묘사하려고 노력했다. 그 첫 번째 예는 조선인의 의복 문화에 대한 언급이다. 귀츨라프는 1832년 7월 17일 조선 도착 당일 몽금포 해안에서 반쯤 벗은 두 명의 조선 어부들이 타고 있는 작은 어선을 처음 만난 이후로 서양이나 중국의 의복과 확연히 다른 조선인들의 의복에 관해 주목했다. 그는 몽금포 해안에 상륙하자마자, 둥근 말총 모자(갓)를 쓴 몇 명의 주민들을 만났다고 했다. 귀츨라프는 꼼꼼히 그

---

62 K. Gützlaff, *Aufenthalt*, 1835, 252.

63 K. Gützlaff, *Aufenthalt*, 1835, 256.

모습을 묘사하고 있는데 "중국식 복식과 비슷하지만, 폭이 넓고 단추가 없다"라는 식의 자세한 설명이다.[64] 그리고 조선인들은 말쑥하게 옷을 차려입었고 가장자리에 예쁜 장식을 단 검은 모자를 썼고 모시로 짠 천 같은 것으로 만들어진 그들의 저고리는 무릎까지 왔다고 전한다. 그리고 양말과 잘 만들어진 신발은 발을 감싸고 있었다고 기록했다.[65]

조선인들은 중간 정도의 키며, 모두 마치 타타르족의 얼굴(만주족, Tartarengesicht)과 같은 모습을 가졌다고 했다. 조선인들은 머리카락은 꼬아서 꼭지에 함께 묶었는데, 만약 결혼했으면 모자를 썼고, 미혼자는 중국인처럼 길게 땋았지만, 머리털을 깎지 않았다고 소개함으로서 조선인의 모습을 유추할 수 있는 중요한 진술들을 남기고 있다. 이 모든 것은 조선인들과의 직접적인 만남과 대화가 아니면 알 수 없는 사실이었다.

(2) 식생활

귀츨라프는 조선의 음식문화를 언급했다. 1832년 7월 23일 귀츨라프와 린지는 녹도의 주민들과 접촉하여 친교뿐만 아니라 음식 대접까지 받았다.[66] 이곳에서 귀츨라프 일행이 대접받은 음식을 보면, 소금에 절인 건조된 생선과 만주족 사이에서 보통 마시는 신맛이 나는 음료(막걸리로 추정)를 대접받았다. 귀츨라프는 고대도로 온 이후에도 조선인들이 제공하는 술과 소금에 절인 생선 또는 말린

---

64   C. Gutzlaff, *Journal*, 1834, 320.
65   K. Gützlaff, *Aufenthalt*, 1835, 245f.
66   C. Gutzlaff, *Journal*, 1834, 328.

물고기, 간장, 술 등을 대접받았고 또한 떡과 국수와 꿀, 돼지고기, 참외, 채소와 쌀밥을 대접을 받았다고 조선인들의 음식문화를 자세히 소개하고 있다.[67] 이와 관련하여 당시의 조선인들의 음주 문화도 소개하고 있다. 귀츨라프는 "주민 중에 많은 사람이 지나치게 많은 술을 즐겼다. 그들은 많은 양의 술을 마셨지만, 취하지 않았다"라고 했다.[68] 귀츨라프는 세계인들에게 조선인들은 생활문화의 일부인 식생활에 대해 알 수 있게 해 줌으로 서양인들의 궁금증을 다소간 풀어 주었다.

귀츨라프는 조선인들의 먹을거리에 없는 감자를 심어주고 파종 방법을 글로 남겨줌으로 조선인들에게 그는 감자의 성공적 재배 같은 혁신(innovation)이 조선인들을 위해 "혜택(benefits)"을 가져 올 것으로 생각했다.[69] 또한, 주민들을 위해 포도 재배법과 좋은 포도즙을 어떻게 만드는지 주민들에게 역시 글로 써주었다.[70]

이것은 동서양 간의 식생활문화의 교류라 할 수 있다. 아울러 "먹을거리가 부족한" 조선인들을 위해 서양의 식생활을 가르쳐준 근본적 이유는 단순한 먹을거리의 소개가 아니라, 결국 그의 선교 신학과 선교정신 때문이었다. 귀츨라프의 선교신학과 정신은 복음을 알지 못하는 이들까지도 돌보는 경건주의적 선교정신에서 나온 것이다.[71]

---

67   K. Gützlaff, *Aufenthalt*, 1835, 252.

68   K. Gützlaff, *Aufenthalt*, 1835, 252.

69   C. Gutzlaff, *Journal*, 1834, 342; "Vortrefflichkeit", K. Gützlaff, *Aufenthalt*, 1835, 252.

70   K. Gützlaff, *Aufenthalt*, 1835, 254.

71   귀츨라프의 선교가 경건주의적 선교를 바탕으로 한다는 점은 오현기, 『굿 모닝, 귀츨라프』(성남: 북코리아, 2014), 제2장 귀츨라프에게 나타나는 친첸도르프의 헤른후트

(3) 주거

귀츨라프는 조선인들의 주거 문화에 대해서도 또한 언급하고 있다. 그것은 조선인들이 사는 마을로 들어가서 거주지를 확인하고 남긴 기록이었다. 평민이 사는 "초라한 오두막집"에 방이 두 개 딸린 집을 관찰하고는 난방 시스템도 언급했다. 당시 유럽에는 보통 주방에 오븐이나 거실에 화로가 설치되어 있었는데, 조선의 집들의 집들은 빵 굽는 오븐 모양을 가진 아궁이를 가지고 있었다고 했다. 그는 "겨울이 되면 그 구멍을 뜨겁게 하기 위해 그들은 방바닥 아래 큰 구멍을 만들어서 불로 따뜻하게 데웠다"[72]라고 기술했다. 귀츨라프가 그곳을 방문한 때는 1832년 7월 여름이고, 그가 그곳에서 겨울을 나지 않았음에도 불구하고 이러한 온돌문화를 이해한 것은 주민들과의 대화를 통해 알았거나, 추리력을 동원한 결과일 것이다. 그리고 "모든 집은 대나무 막대기로 만든 울타리로 나누어져 있었고 집은 사각형으로 촘촘히 나란하게 세워져 있다"라고 주거형태를 소개했다.

(4) 언어

귀츨라프는 조선인의 언어문화에 대한 중요한 진술을 또한 남겼다. 귀츨라프 이전까지 서양인에 의해 한글을 소개한 예는 단순히 단어 등을 채집하거나, 단편적으로 소개하는 데 그쳤다. 예를 들면 1816년 클리포드 대위가 외병도, 상조도 주민들과 교류하며 채

주의의 영향, 35-79을 참고하라.

72   K. Gützlaff, *Aufenthalt*, 1835, 254.

집한 조선어들은 총 28개 단어가 채록되었는데 오류가 적지 않았
다.[73] 이는 중국어 같은 조선인이 이해할 수 있는 언어를 매개로 하
여 소통하지 않았으므로 상호소통이 그만큼 어려웠다는 것을 짐작
케 하는 예이다.

그러나 귀츨라프는 중국어에 능통하였으므로 그는 조선인과
소통할 때 한문을 가지고 필담을 나누었다. 이때 소통한 한문은 같
은 뜻을 지녔지만 조선말과는 발음이 다르다는 것을 알게 됐다.[74]
한글에 대해 관심을 가진 것이 그의 항해기에서 여러 군데 나타난
다. 당시 조선인들이 했던 발음을 비교적 정확히 싣고 있다. 그들은
한자어로 된 말에 한국어 발음을 사용했다. 지팡이를 짚은 한 노인
이 "좌(tshoa, 座)"[75]하며 앉을 것을 요구했다던가, 조선인들이 책을
받아들었다가 곧 "Pulga(불가, 不可)"[76]라고 한 것 등이 그 예이다.

린지의 기록에 의하면, 7월 27일 귀츨라프와 린지는 고대도 안
항 정박지에서 조선인과의 교류를 통해 사건 고관의 비서 "양의"[77]
라는 청년을 설득한 끝에 그에게 한글 자모 전체를 쓰도록 했다.[78]
또한 귀츨라프가 한문으로 주기도문을 썼고, 양의가 읽었을 뿐만
아니라, 이것을 한글로 번역했다.[79] 비록 짧은 번역이지만 성경 번

---

73   Basil Hall & Herbert John Clifford, *Account of a voyage of discovery*, 부록 cxcii.

74   C. Gutzlaff, *Journal*, 1834, 339.

75   C. Gutzlaff, *Journal*, 1834, 320.

76   K. Gützlaff, *Aufenthalt*, 1835, 247.

77   상무관 린지는 고관의 비서(secretary) 양의(Yang-yih)(Lindsay, *Report*, 224) 혹은 양
      치(Yang-chih)(C. Gutzlaff, *Journal*, 1834, 330)를 매우 지적인 젊은이였다고 기록했
      다(Lindsay, *Report*, 224).

78   H. Lindsay, *Report*, 1834, 239.

79   H. Lindsay, *Report*, 1834, 239.

역의 효시라 부를 만하다.

귀츨라프는 양의, 혹은 접촉한 모든 조선인으로부터 배운 한 글을 1832년 11월, 조선을 떠난 지 겨우 두 달여 만에 『중국의 보고 (The Chinese Repository)』라는 선교 잡지에 영문으로 된 소논문 "한국 어에 대한 소견(Remarks on the Corean Language)"이라는 제목으로 발표 했다.[80] 이 논문에는 중국어와 조선을 비롯한 동남아 각국의 언어 의 유사성, 한글의 계통과 기원, 자모에 대한 음성학적 분류, 로마자 로 표기한 한글발음, 한글의 특성, 한글의 문법, 그리고 방언에 대한 관심 등을 거론하고 있다. 그리고 "한글 특유의 구성이 매우 간단하 지만 동시에 매우 독창적"이고,[81] "한국어가 표현력이 매우 풍부한 말"[82]이라고 소개하고 있다. 이 소논문은 한글을 세계에 체계적으로 처음 알린 논문이라 할 수 있다.

영어로 된 이 논문은 독일어권에서도 한글을 최초로 소개하는 데 큰 역할을 했다. 당시 『외국(Das Ausland)』이라는 독일어 잡지가 귀 츨라프의 이 영문 소논문의 내용을 독일어로 발췌하여 소개하고 있 다.[83] 그의 이 영문 소논문으로 말미암아 독일어권에도 한글이 소개 되는 계기가 마련되었다. 또한 귀츨라프 선교사는 자신이 제공하여 "캘커타 기독인 관찰자(Calcutta Christian Observe)"에 게재된 "안남어 (베트남어), 일본어, 한국어의 비교 단어집"을 통해, 1832년의 "한국

80　K. Gützlaff, "Remark on the Corean Language," *The Chinese Repository*, Vol. 1, No. 7, 1832, 276-279.

81　K. Gützlaff, "Remark on the Corean Language," 1832, 277.

82　K. Gützlaff, "Remark on the Corean Language," 1832, 278.

83　Das Ausland, Nr. 310, München. 6. Nov., 1833, 1240.

English.	Anamese.	Japanese.	Corean.
Air	hoi	djiyu	siyo
Ant	kien	ari	kayami
Arrow	ten	ya	sar
Bird	shim	tori	sai
Blood	mau	tsŭ	phi
Boat	ding	tenmă	syosyon
Bone	shŭng	hone	spyo
Buffalo	klongnŭk	suigiu	mursyo
Cat	meyŭ	neko	koi
Cow	sŭngkrau	ushi	syo
Crow	konkwa	karasze	kamakoi
Day	ngai	hi	narir
Dog	sho	inu	kai
Ear	tăi	nimi	kăi
Earth	det	tsi	tati
Egg	krŭng	tamango	ar
Elephant	wói	dso	khokhiri
Eye	mat	me	nŭn
Father	*shă*	tsitsi	api
Fire	lŭa	hi	pŭr
Fish	kha	sakana	koki
Flower	hoa rŭ	hana	kot
Foot	kangshŭn	asi	par
Goat	yé	hitszeji	yang
Hair	long	kaminoke	thorok
Hand	tai	te	son
Head	dú	atama	mari
Hog	héu	inoshishi	santsey
Horn	sŭng	tsno	spăr
Horse	ngŭa	ma	mar
House	ya	uchi	tsipka
Iron	sat	tets	tsurir
Leaf	la	namari	nip
Light	raangsang	hikari	piyot
Man	ngoe	stonin	saram
Monkey	wŭn	saru	tsainnapi
Moon	klang	ski	tarwor
Mother	me	haha	omi
Mountain	yam	yama	moismuni
Mouth	meng	kuchi	ipku
Musquito	bang	ka	mokŭi
Name	ten	na	irhom
Night	dem	yoru	pamya
Oil	yau	abura	kirŭm
Plantain	kongtin	obako	phatshyo
River	som	kawa	hasyu
Road	dang	mitchi	kin
Salt	moe man	shiwo	sokom
Skin	yă	kawa	katsok
Sky	tŭngtien	sora	hanar
Snake	ran	kuchinawa	paiyam
Star	tingto	hoshi	pyor
Stone	da	ishi	torsyok
Sun	witaiyŭng	nitchirin	nar
Tiger	ongkop	tora	pom
Tooth	naurang	ha	ni
Tree	kai	ki	namo
Village	lang	mura	suikor
Water	nŭk	midzu	mursyu
Yam	kwei	skunemo	ma

안남어(베트남어), 일본어, 한국어의 비교[84]

---

84   Christian Ministers of Various Denominations, *Calcutta Christian Observer*, 1838, 35.

어에 대한 소견"에 이어 서구인들에게 한국어에 대한 관심을 불러일으켰다.[85]

그는 계속적인 연구를 위해 조선에서 한글로 된 책을 사려 했으나 실패했고, 일본을 통해 유럽인들의 손에 들어온 조선인의 책을 거론하는 것으로 보아서 이전에도 한국어에 대한 지속적인 관심을 가져왔고, 이후에도 한국인들의 말과 글에 대한 관심을 견지했던 것을 암시받는다.[86] 정리하자면, 귀츨라프는 조선 방문이 한글 성경 번역 선교의 시초가 되었을 뿐만 아니라, 조선 방문을 통해 익히고 한글을 세계에 첫 번째로 학문적으로 소개한 문화적 중개자의 역할도 수행한 것이다.

(5) 인적 교류

귀츨라프는 조선인을 만날 때, 다른 선원들과는 달리 홀로 비무장이었다.[87] 선교사로서 복음을 전하러 온 그의 상황에 맞는 처신이었다. 최소한의 자신을 보호할 도구가 없이 외국인에 적대적인 조선인들을 비무장 상태로 대하기로 마음을 먹었다는 점은 평화의 사도로서의 자신의 정체성을 잘 드러낸 행동이었다.

도착 첫날부터 귀츨라프는 조선인들과 소통하길 원했다. 그래서 그는 내륙 깊숙이 있는 주민들의 집을 찾아가 조선인들이 사는

---

85 Christian Ministers of Various Denominations, *Calcutta Christian Observer*, 1838. 23, 35.

86 K. Gützlaff, "Remark on the Corean Language," 1832, 278.

87 H. Lindsay, *Report*, 1834, 220.

모습을 보길 원했다.[88] 당시의 쇄국적인 정치상황 아래서 그는 조선인들로부터 많은 경우, 환영을 받지 못했다. 조선인들은 귀츨라프 일행이 조선을 떠나지 않으면 병사를 부르고, 공격할 것이라며 종종 협박도 당했다. 심지어 주민 중 몇 명은 목을 베거나 배를 가르는 시늉까지 했다. 그러나 귀츨라프는 그들과의 교류와 소통을 포기하지 않았다.

1832년 7월 23일 오후에는 로드 애머스트호의 승선자들은 대단히 호의적인 조선인들과 선상에서 함께 포도주를 함께 마시고, 그들에게 배를 돌아보게 하는 친절을 베풀었다. 그 후 조선인들에게 초청받아 그들과 함께 해안을 함께 방문하기도 했다.[89] 7월 24일 불모도에 정박하고 있을 때도 조선인들이 선상을 방문했고 그들은 선실까지 올라와 귀츨라프 일행들과 함께 럼주를 자유롭게 마시며 어울렸다.[90] 또 7월 25일 고대도 정박 중에도 많은 주민들이 배로 찾아왔는데, 때론 불손하고 거친 언사를 쓰는 사람도 방문했지만,[91] 조선인과의 우호적 교류는 계속 이어졌다.

귀츨라프는 힘없는 조선인들을 위한 인도적 행동을 했다. 예를 들면, 한 조선 병사가 귀츨라프 일행을 효과적으로 막지 못한 죄로 태형(笞刑)에 처해질 뻔했을 때, 귀츨라프 일행 중 체격이 좋은 흑인(Negro)이 개입해서 몸싸움까지 하면서 태형을 말렸다는 기록이 있다. 이때 귀츨라프도 그러한 태형이 가해지지 않도록 필담을 써서 적

88   C. Gutzlaff, *Journal*, 1834, 320.
89   H. Lindsay, *Report*, 1834, 221f.; C. Gutzlaff, *Journal*, 1834, 328.
90   C. Gutzlaff, *Journal*, 1834, 329.
91   C. Gutzlaff, *Journal*, 1834, 347.

극적으로 개입했다.[92] 그 때문에 구경꾼들이 "이 인도적 행동(this act of humanity)"으로 기뻐하였다고 했다.[93] 이 사건은 귀츨라프 일행에 대한 주민들의 인식이 개선되는 좋은 예로 작용했을 것이 분명하다.

또 다른 주목할 만한 주민들을 향한 인도적 행동의 예는 귀츨라프가 고대도 도착 이후 줄곧 아픈 이들에게 약을 공급해 주었으며, 60명의 노인 감기 환자를 위해 충분한 약을 처방해 달라는 요청을 받아들였다는 데서 찾을 수 있다.[94] 이 사실도 단순한 의료행위가 아니라 선교의 도구이자 주민들과의 소통의 도구가 되었다. 그에게 있어서 이렇게 인술을 베푸는 것이 복음을 설교하는 것과 전도서적의 배포와 언제나 조화를 이루었다. 그러므로 그가 사용하는 선교방법의 일환임이 분명하다.[95] 그가 조선인들에게 인술을 베푼 기록은 서양 선교사로서 인술을 베푼 최초의 역사적 기록이 될 것이다.

일반 주민들만큼이나 고관들과의 접촉도 조선인을 이해하는 데 중요한 만남이었다. 이방인들의 방문을 처음 영접한 조선 관리들 '모두가 기뻐하고 행복해했다'는 점은[96] 귀츨라프의 방문이 폐쇄적인 쇄국정치의 상황 속에서도 실질적으로는 우호적으로 이루어졌음을 알 수 있다. 또 다른 예를 보자면, 7월 26일 로드 애머스트호로 공충수우후(公忠水虞候) 김형수(金瑩綬)와 홍주목사(洪州牧使) 이민

92   H. Lindsay, *Report*, 1834, 230.

93   C. Gutzlaff, *Journal*, 1834, 334.

94   C. Gutzlaff, *Journal*, 1834, 347.

95   오현기, "한국 개신교의 선교 원년이 1832년인 근거에 관한 연구: 칼 귀츨라프의 선교", 『대학과 선교』 제21집, 2011. 12, 155f.

96   C. Gutzlaff, *Journal*, 1834, 331.

회(李敏會)가 방문하여 힘든 항해에 대해 위로했으며, 귀츨라프 일행에게 음식을 수고롭게 배로 가져와 대접하였다. 조선인들이 이방인 손님들을 대접하려는 우호적인 정신이 돋보였다. 이 점은 고관들과의 만남이 이렇게 서로가 친선과 우호를 쌓을 수 있는 방향으로 시작되었음을 알게해 준다. 그리고 귀츨라프 일행은 고관들에게 진귀한 물품들, 즉 음악이 나오는 코담배갑과 그림들과 다른 물건들을 구경시켜 줌으로써 문화적 교류를 시도했다. 그 결과 고관들은 서양의 문물에 대해 큰 호기심을 가졌다. 이에 귀츨라프는 "이방인에게서 기대할 수 있는 이상의 큰 우호감을 어디에서나 만났다"고 했다.[97] 그래서 귀츨라프가 고대도를 떠나는 날 한 관원은 거의 눈물을 흘릴 만큼 이별을 아쉬워했다.[98]

귀츨라프는 조선인들을 집단적으로 만나면 그들이 때로는 적대적이거나 심지어 포악한 행동을 했지만, 어디서든지 조선인을 개별적으로 만나면 귀츨라프 일행에게 친절하고 정중했다고 느꼈다.[99] 그리고 조선인들이 외국인에게 불친절한 것은 사실이지만, 악의 없는 외국인을 대할 때는 그들도 그렇게 적대적 행동을 하는 것에 대해 스스로 아픔을 가지고 행동한다는 것도 알았다.[100] 이는 조선인들의 거친 행동의 이면에는 원치 않는 행동을 해야만 하는 당시 조선인들의 심리 상태를 잘 읽어낸 결과이다. 이러한 지적 또한 조선인들을 쇄국정책에 길들여진 폐쇄적 인간상이라는 서양인들의 선

---

97 C. Gutzlaff, *Journal*, 1834, 335.

98 H. Lindsay, *Report*, 1834, 259.

99 C. Gutzlaff, *Journal*, 1834, 326.

100 K. Gützlaff, *Aufenthalt*, 1835, 248.

입견을 깨뜨리는 중요한 진술이다. 이것은 일반 평민에게서 뿐만 아니라, 개인적으로 만나면 관원들에게서도 나타나는 동일한 현상이었다.

독일의 귀츨라프 연구가 실비아 브레젤 교수가 파악했듯이 그의 문화 중개자적 역할은 다음과 같이 정리할 수 있다.

> "그는(귀츨라프) 비전가인 동시에 서로 다른 분야(지리학, 언어학, 경제와 문화 · 역사 등)에 구체적으로 관심을 가짐으로써 유럽과 동아시아를 이어 주는 실질적인 안내자가 되었다. 이렇게 귀츨라프의 노고는 순수한 선교적 관점을 넘어서는 것으로 보인다."[101]

(6) 종교

귀츨라프는 선교사로서 조선인들을 선교하기 위해 조선인들의 종교성에 대한 관찰은 필수적이었다. 귀츨라프는 조선인의 종교 생활에 대해 관찰하다가, 곧 바로 조선인들은 불교를 싫어하고 도교에 관해서는 잘 모르고 있다고 평가했다. 그는 가정집에서 우상의 흔적을 찾을 수 없어서 반종교적인 민족이 아닌가 하는 의심까지도

---

101 "Damit wurde der Visionär gleichzeitig zum realen Wegbereiter in den Beziehungen zwischen Europa und Ostasien, indem er verschiedene Bereiche (Geographie, Sprachforschung, Ökonomie, Kulturgeschichte etc.) für diese Region ganz konkret zu interessieren verstand. So gesehen reichen Gützlaffs Bestrebungen weit über einen rein missionarischen Aspekt hinaus" (Sylvia Bräsel, "Überlegungen zur Bedeutung der Korea-Mission von Karl Friedrich August Gützlaff (1803-1851) in Vorbereitung der Luther-Ehrung (Reformationsjubiläum) 2017, 칼 귀츨라프 건교 기념 신학과 세계관학회 편, 『신학과 세계관』 제1집(2014. 7), 45.

했다. 귀츨라프는 또한 조선인들의 종교성을 평가하면서 영혼의 불멸은 믿지만, 아직 개념적으로 완전히 정립되지는 못한 것 같다고도 보았다.[102] 이러한 지적은 숭유억불(崇儒抑佛)의 정책을 폈던 조선의 정치적 · 사회적 상황 속에서는 이에 대한 귀츨라프의 관찰이 비교적 정확하였다고 할 수 있다.

이와 아울러 조선인들의 민간의 종교성을 알게 해주는 귀츨라프의 정보는 고대도에 있는 "언덕 위의 사원(Temple)"에 관한 것이다. 실제로 고대도에 있었던 것은 당산이라 불리는 언덕에 산당(山堂)이었다. 1999년 화재로 소실되기 전까지 존재했지만 지금은 그 터에 "각시당"이라는 제단만이 남아 있다. 귀츨라프에 의하면, 종이가 발려 있는 작은 방 한 칸의 사원은 도광 3년(1823)에 건립되었다는 기록과 독문항해기에는 "건물 외벽에는 이 신당을 세운 사람들의 이름과 신당을 세우는 데 들어간 돈의 합계가 기록된 비문(Inschrift)이 있었다"고 한다.[103] 이곳에서 조선인들은 매년 정월 초에 소를 잡아 당제를 지냈다.[104] 당산이 있고 산당이 존재한다는 것은 당시 고대도가 무속적 신앙을 가지고 있었다는 증거이다.

귀츨라프는 조선인들에게 하나님의 아들, 예수 그리스도가 구원자임을 반복해서 전달했다.[105] 조선인의 반응은 냉담했다. 이러한 과정 속에서 귀츨라프는 조선인 사이에 "기독교의 축복이 확산될

---

102 K. Gützlaff, *Aufenthalt*, 1835, 251.

103 K. Gützlaff, *Aufenthalt*, 1835, 253.

104 충남문화산업진흥원, 『칼귀츨라프와 함께 떠나는 고대도여행』(천안: 충남문화산업진흥원, 2012), 93.

105 K. Gützlaff, *Aufenthalt*, 1835, 251.

수 있는 적당한 방법과 수단을 심사숙고하는 것에 고무되었다."[106]

앞서 언급한 대로 귀츨라프는 그의 대표적 선교방식인 문서선교를 조선에서도 행했다. "복음을 받아들이기를 원하는 사람"에게 책과 함께 복음서를 나누어 주었다.[107] 독문 항해기에는 나누어 준 이 책들은 모두 "기독교 서적들(Christliche Bücher)"이었고, 그와 동시에 "한문으로 된 신약성경(Exemplare des chinesischen Neuen Testamentes)"의 견본이었다고 자세히 설명하고 있다.[108] 고관은 주민들에게 이러한 종류의 책을 수령하는 것을 금지했지만, 후에는 고관들도 책을 받았다. 이는 조선인들의 마음속에서 "생명의 말씀(the Word of Life)"[109]에 대한 갈망을 귀츨라프가 보았기 때문이고, 이 모든 사건들은 "하나님의 은혜로운 보호하심을 위한 나의 기도들에서 끊임없이 간구했던 바로 그 하나님의 역사"라고 이해했다. 결국 그에게 조선 선교는 "하나님이 은혜를 베푸셔서 가능했던 일"이었다.[110]

1831년에 시작된 귀츨라프의 중국에서의 선교도 공식적으로 선교가 금지된 상황에서 이루어졌다. 그의 중국에서의 선교활동 내용을 관찰한 울리히 덴(Ulrich Dehn) 교수는 '예수회 선교사들, 예를 들면 17 · 18세기의 예수회 선교사들, 즉 요아힘 보베(Joachim Bouvet, 1656-1730) 그리고 장-프랑수아 포쿠에(Jean-Francois Foucquet, 1665-

---

106 K. Gützlaff, *Aufenthalt*, 1835, 252.

107 C. Gutzlaff, *Journal*, 1834, 339.

108 K. Gützlaff, *Aufenthalt*, 1835, 251.

109 C. Gutzlaff, *Journal*, 1834, 339.

110 Karl Gützlaff, Die Mission in China: Vorträge, in Berlin gehalten, Erster Vortrag, Der ostpreusche Verein für China (Hrsg.). (Berlin: W. Schulz, 1850), 12.

1741)에 의해 비유론(Figurismus)[111]이 중국 동화방법으로 인식되어 계속 발전하였는데, 그에 비해 귀츨라프는 중국어를 유창하게 말했고 중국식으로 옷을 입었지만, 신학적으로는 이전의 동화주의자(Akkommodisten)나 비유론자(Figuristen)의 방향을 따르지 않았다. 오히려 그의 설교와 아울러 성경을 나누어주며 그의 전도서적의 배포를 통해 전통적인 선교 노선을 대변했다고 관찰했다.[112]

귀츨라프는 정치, 사회, 문화를 관찰하고 또 직접 조선인들과 교류한 경험을 바탕으로 조선에 대한 기록을 남겼다. 이를 통해 이전의 서양인들이 남긴 조선에 대한 기록보다 편견 없이 좀 더 객관적이며 친화적인 인상을 가진 조선인을 기록으로 남길 수 있었다.

이전의 한국인에 대한 서양인의 편견은 미개하다거나, 야만적 인상과 지리적 폐쇄성을 지닌 나라 정도였다. 게다가 폐쇄적인 국가 이미지도 더해졌다. 그러나 조선에 대한 양인들의 기록 대부분은 정확한 사실에 근거해 있지 않은 경우가 많았고, 그로 인해 조선인에 대해 부정적인 인상이 주를 이루었다. 그러나 1832년 내한한 귀츨라프는 새로운 조선인의 인상을 정립할 수 있었다. 그것은 먼

---

111 비유론(Figurismus)이란 성경을 문자 그대로 해석하기보다는 비유적인 표현으로 보려는 17~18세기 예수회 신부들에게서 나타났던 경향인데, 그들이 중국에서 선교를 원활히 하기 위해 도교, 유교, 불교의 오래된 중국의 책들에서 기독교적인 가르침과 구원사와 관련한 내용이 있다는 것을 증명하기 위해 노력했던 성경해석 방법이다.

112 "Die China-Aktivitäten Gützlaffs fanden somit unter den Bedingungen eines offiziellen Missionsverbots statt, zugleich war er zwar ein Freund chinesischer Kultur, sprach fließend Chinesisch und kleidete sich chinesisch, verfolgte jedoch theologisch nicht den Kurs der frühen Akkommodisten oder der Figuristen, sondern vertrat in seinen Predigten, mit seiner Verteilung von Bibeln und in seinen Traktaten eine traditionelle missionarische Linie". (Ulrich Dehn, "Die Mission Karl Gützlaffs im Kontext der allgemeinen und Missionsgeschichte Ostasiens". 칼 귀츨라프 선교기념 신학과 세계관학회 편, 『신학과 세계관』 제1집, 2014. 7, 19).

저 정치·사회 분야의 관찰을 통해, 그리고 문화 분야, 즉 의복 문화, 식생활문화, 주거문화, 언어문화, 친교문화, 종교문화 등을 분석한 후 이들의 상호 관계를 파악하고 종합하는 과정을 거쳐서 조선의 인상을 정립했다. 귀츨라프의 이러한 작업은 문화를 이해하고 타문화 간의 중개에 있어서 바람직한 태도라고 할 수 있을 것이다.

본 서는 귀츨라프가 남긴 기록이 이전의 서양인들이 가진 잘못된 선입견과 편견을 깨는 데 크게 기여했으며, 동시에 은둔과 미지의 조선인상에서 세계에 소개된 객관화된 조선인을 소개하는 중요한 자료가 되었음을 밝혔다. 이것은 당연히 서양에 새로운 모습을 가진 조선과 조선인상을 일깨우는 데 분명 일익을 담당했을 것이다.

또한 선교적 관점에서 볼 때, 조선과 조선인에 대한 이해를 더 함으로써 서양인들로 하여금 선교의 대상 국가로서의 조선에 대한 새로운 기대를 가지게 했다. 그래서 귀츨라프는 조선 방문을 마무리하면서 "영원한 하나님의 위대한 섭리의 계획(das grosse Weltregierungsplane)"을 조선선교와 연관지어 설명했다.[113]

"이 반도의 주민들을 위해 하나님의 은혜 충만한 방문의 때가 분명히 올 것이다. 무엇보다 우리의 눈으로 이 시대를 바라봄으로써 우리는 우리의 손에 놓여 있는 모든 수단으로 구원을 가져오는 십자가의 가르침을 전파함을 통해 그것의 다가옴이 빨리 우리에게 일어날 수 있도록 해야 할 것이다."[114]

---

113 K. Gützlaff, *Aufenthalt*, 1835, 256f.
114 K. Gützlaff, *Aufenthalt*, 1835, 257.

귀츨라프 초상화(석판화, 1850년경)[115]

　이처럼 귀츨라프는 조선에서 행한 그의 사역이 "첫 번째 미약한 시작"이지만 조선 위에 더 좋은 날이 밝아 오기를 기대했다.[116] 결론적으로 그가 진정으로 이 땅에서 바랐던 것은 복음과 함께한 조선과 조선인의 변화와 발전이었던 것이 분명하다. 이것이 그를 첫 번째 개신교 선교사로서 또한 조선과 서양을 잇는 의미 있는 문화 중개자로서 기억해야 할 중요한 이유이다.

115　원작화가: F. Waanders, 석판화: P. Blommers, 출판사: Brederode, https://geheugen.delpher.nl/nl/geheugen/view?coll=ngvn&identifier=VUMCC01%3ARMCC-G01168

116　"Wir wollen hoffen, dass bald über Korea bessere Tage abbrechen werden" (K. Gützlaff, *Aufenthalt*, 1835, 257).

베를린 메모리아 우르바나, 후안 가라이사발(Juan Garaizabal, 1971년 마드리드
출생) 作, 위치: Bethlehemkirchplatz 오현기 촬영

작가 후안 가라이사발은 설치미술가, 조소가(彫塑家)이자 동판(석판)조각가이다.
특히 도시의 기억(Memoria Urbana)이라는 주제로 건축적으로는 이미 사라진
옛 건축물을 조형물과 빛으로 구현하고 그것을 역사적으로 기억하는 프로젝트를
세계적인 도시에서 작업함으로 설치예술가로 국제적인 명성이 높다.

옛 베를린 보헤미아 베들레헴교회 자리에 세워진
"메모리아 우르바나"의 안내판에 실린 보령시
고대도의 "메모리아 우르바나"

Juan Garaizabal - Memoria Urbana

Juan Garaizabal

An dieser Stelle stand die Bethlehemskirche. Sie wurde 1737 auf Anregung von König Friedrich Wilhelm I. für Flüchtlinge errichtet, die aufgrund ihres evangelischen Glaubens aus Böhmen vertrieben wurden. Viele von ihnen wurden in dieser Gegend hier in der Friedrichstadt und in Böhmisch Rixdorf im heutigen Stadtteil Neukölln angesiedelt. Die Kirche wurde im 2. Weltkrieg beschädigt und im Zuge des Mauerbaus 1961 abgetragen. Seit 1991 sind die Umrisse des Kirchenbaus auf der Pflasterung des Platzes sichtbar.

Dieser Ort regte den spanischen Künstler Juan Garaizabal 2012 an, die Skulptur Memoria Urbana zu schaffen. Sie bildet die ehemalige Bethlehemskirche als räumliche Skizze in ihrer originalen Größe ab. Für die Konstruktion wurden 800 Meter quadratisches Stahlrohr und 300 Meter LED-Beleuchtung verwendet. Die Skulptur ist 31 Meter hoch und hat ein Gesamtgewicht von 40 Tonnen.

Die Installation erinnert an die erste Kirche für Flüchtlinge in dieser Stadt, an die Gründung des

ersten Diakonischen Krankenhauses und an die Aussendung christlicher Botschafter in alle Welt, unter anderem nach Korea und Indien. In Korea steht sogar eine kleinere Kopie dieser Skulptur. Der lichte offene Raum des Kunstwerks erzählt davon, dass Toleranz und Hoffnung aus Kirchenmauern hinausgingen und die Welt veränderten. Deshalb steht am Fundament ein großer Satz von Vaclav Havel „Hoffe niemals gegen die, die hoffen." Dafür leuchtet jeden Abend das Licht.

Die Kirche „Memoria Urbana Berlin" (Ausschnitt) erbichtet 2016 auf der korsanischen Insel Godeado (Boryeong)

Bethlehemskirche in der Mauerstraße in Berlin-Mitte Urban, 1737–37. Foto um 1900.

31 Meter

@ juan_garaizabal

Für die Konservierung wurden 800 Meter (2,600 inches) quadratisches Stahlrohr (12 cm x 12 cm /4,7" x 4,7") und 300 Meter (984 inches) LED Beleuchtung benötigt.

Die Struktur zeichnet in die Luft die Umrisslinien der verschwundenen Bauten und stellt so in Form einer Skizze das Originalvolumen dar. Bei Nacht betont die Beleuchtung bestimmte Stellen, an denen eine das Licht einschen.

Die Grundmaße betragen 25 Meter von Osten nach Westen und 15 Meter von Norden nach Süden. Die höchste Spitze ragt 31 Meter in die Höhe, bei einem Gesamtgewicht von 40 Tonnen.

Sie können helfen das Kunstwerk zu finanzieren:

이 장소에는 베들레헴교회가 위치하고 있었다. 이 교회는 보헤미아 종교적 난민들에게 신앙적 터였었다. 스페인 아티스트인 후안 가라이사발(Juan Garaizabal)은 이 장소의 의미에 영감을 받아 2012년도 공간적인 스케치 형태의 ,도시의 기억이란 조형물을 설치했다. 이 작품의 의미는 베들린의 난민을 위한 최초의 교회인 베들레헴교회가 최초의 기독병원 설립 및 전 세계로 선교사를 파송한 사실을 환기시키기 위함이다. 대한민국 충남 보령시 소재 고대도에 이 조형예술작품의 축소판이 설치되어 있다. 이 조형물은 베들린 베들레헴교회에서 파송되었고, 또 고대도에 도착했던 한국 최초의 개신교 선교사인 칼 귀츨라프를 기리기 위해 대구 동일교회가 교회설립 60주년을 맞아 원작자인 가라이사발에게 직접 설치를 의뢰한 것이다. 오현기 목사가 이끄는 대구 동일교회와 칼 귀츨라프 학회는 베들레헴교회기념사업회(Lux Bethlehem)와 상호협력을 위한 협약을 체결하고, 고대도에 세워진 가라이사발의 예술작품을 보령시, 고대도주민회와 함께 관리하고 있다.

Godeado

Gützlaff Gesellschaft

Memoria Urbana in Berlin

2016년 가라이사발이 고대도에서 메모리아 우르바나를 제작하는 모습

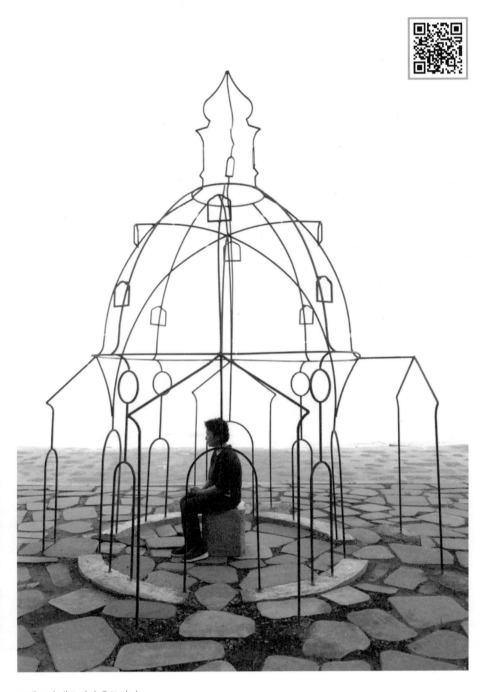

고대도의 메모리아 우르바나

2016년 고대도 메모리아 우르바나 개막식.
대구 동일교회 설립 60주년기념으로 세워졌다.(2016.7.25)

제3장
로드 애머스트호와 고대도

"지금까지 기쁘게도 이 민족은
우리의 책들을 매우 강한 호기심을 가지고 받아들였고,
나는 이 땅의 왕에게도 하나님의 말씀으로 축복을 전할 수 있다는
희망을 가질 수 있었다. 하나님이 그의 아들 예수 그리스도를 통하여
악한 세상에 선포하셨던 하나님의 사랑의 증거로서
과연 어떠한 굉장한 선물이 (조선의) 국왕에게 주어질 것인가!"

- K. Gützlaff, *Aufenthalt* (1835) 중에서

1   로드 애머스트호의 여정

귀츨라프가 로드 애머스트호를 타고 조선을 방문한 것은 그의
2차 선교여행(1832. 2. 26~1832. 9. 5) 때였다. 이 배는 영국 동인도회사
가 용선한 507톤[1]의 범선이었다. 앞서 언급했듯이 이 탐사 여행에 귀
츨라프가 동행한 것은 "런던 선교회(London Missionary Society)"의 파송
선교사이자, "중국 복음주의 선교단(Brüder der evangelischen Mission in
China, 1807)"의 설립자였던 로버트 모리슨의 권유 때문이었다. 모리
슨이 귀츨라프를 동인도회사에 추천하여 귀츨라프는 마침내 제2차
선교여행은 선의(船醫)와 통역관의 임무로 로드 애머스트호에 동승
했다. 그러나 사실 그는 복음 전도자로서의 사명을 가지고 조선을

---

[1]   India. Governor-general, *Railways (India): return to an order of the honourable The House of the Commons*, 1853, 33.

방문한 것이다.[2] 당시에는 방문객을 위한 정기 항로가 아직 개설되어 있지 않았고, 특히 당시 중국본토는 광둥 지역밖에는 개방이 되어 있지 않아 다른 지역을 방문하기가 힘든 상황이었다. 그래서 중국 해안을 비밀리에 방문하는 상선을 이용할 수밖에 없었다. 동인도회사로서는 새로운 통상지를 개척을 위한 탐사 여행이었지만, 그 여행은 귀츨라프를 통해 기독교 선교의 방편으로 쓰이게 된 것이다.

귀츨라프가 타고 온 로드 애머스트호의 항해는 영국 동인도회사의 광동무역회사(supra cargoes at Canton)의 특별위원회 의장인 메조리뱅크스(Charles Albany Marjoribanks, 1794-1833)가 기획하고, 동인도회

찰스 올버니 메조리뱅크스[3]

2   K. Gützlaff, *Aufenthalt*, 1835, 252; 254; 257.
3   National Portrait Gallery, https://www.npg.org.uk/collections/search/portrait/mw198400/Charles-Albany-Marjoribanks?LinkID=mp124212&role=sit&rNo=0

사의 상무관였던 이사 린지(Hugh Hamilton Lindsay, 1802-1881)가 항해 총책임자이자,[4] 동시에 화물관리인(supercargo)의 책임을 지고 있었다.[5] 그래서 로드 애머스트의 항해에 조선에서 제일 중요한 기착지인 고대도 안항(古代島 安港)을 후에 메조리뱅크스의 이름을 따서 메조리뱅크스항(Marjoribanks Harbour)이라 명명하게 된 이유도 여기에 있다.

당시 중국에서의 외국인의 상업 활동은 광동 지역(Canton)에 만 허락되어 있었다. 그래서 영국 동인도회사는 무역을 북중국 항구 전역으로 확대하기 위한 계획을 가지고 있었다. 동시에 이 탐사계획에는 외국인의 상행위에 대해 중국인과 지역 정부의 반응을 함께 탐문하는 목적도 포함되어 있었다. 그래서 이 실험적 동북아 탐사 계획은 비밀리에 실행되었다.[6]

그리고 이 실험적 탐사가 실시된 이유는 당시 중국 동북지역에서 고수익을 노리는 유럽 상인들에 의해 행해지던 마약과 상품의 밀수에 대해 공익을 해치는 것이라 느껴 비판적 입장에 섰던 일부 상인들에 의해 일어난 자정적인 움직임과 관련이 있었다. 즉 이 탐사는 기존 방법과 다른 통상 방법을 찾고자 하는 취지에서 기획된 일이었다.[7]

---

4   H. Lindsay, *Report*, 1834, Advertisement.

5   John W. King, *The China pilot: the coast of China, Korea, and Tartary; the Sea of Japan, Gulfs of Tartary and Amur, and Sea of Okhotsk*, 3rd ed. (London: Hydrographic Office), 1861, 255.

6   H. Lindsay, *Report*, 1834, Advertisement.

7   Walter Henry Medhurst, *China: Its State and Prospects: With Especial Reference to the Spread of the Gospel: Containing Allusions to the Antiquity, Extent, Population, Civilization, Literature, and Religion of the Chinese*, London: John Snow, 1840, 375.

그래서 로드 애머스트호에는 앞서 언급한 탐사 목적에 따라 배에 마약을 한 줌도 싣고 있지 않았다.[8] 같은 시기 동인도회사가 졸다인 매디슨 회사(Jardine Matheson & Co.)로부터 용선한 두 선박, 즉 캘커타(Calcutta)로 부터 아편을 싣고 온 실프호(Sylph, 304톤)와 린틴(Lintin)을 기반으로 마약상을 운영하던 제메시나호(Jamésina, 382톤)와는 달리 로드 애머스트호는 아편을 싣고 행상을 하지 않았다.[9]

로드 애머스트호의 항해기록을 보면, 1831년 7월 15일 캘커타에서 싱가포르와 중국으로 출항한 기록이 있고,[10] 또한 1832년에는 토마스 리스 선장(Thomas Rees)의 운항 하에 마카오를 출발(2. 26), 같은 해 9월 5일 마카오로 돌아온 기록이 있다. 이때 북중국 중국 해안과 조선(7. 17~8. 17) 그리고 일본(오키나와)를 방문했다.

또 로드 애머스트호는 리스 선장이 운항하여 1832년 11월 13일 중국을 다시 출발하여, 같은 달 25일 싱가포르를 거쳐, 같은 해 12월 23일 캘커타에 도착했다. 당시 마카오로부터 알렉산더 부인(Mrs. Alexander)과 그의 가족, 알렉산더(N. Alexander), 바르웰양(Miss Barwell)을, 싱가포르로부터는 샤 부인(Mrs. Shaw)을 승객으로 캘커타로 싣고 왔다는 기록이 남아 있다.[11] 또한 1833년에는 역시 선장이

---

8   Walter Henry Medhurst, China: Its State and Prospects, 375.

9   "Some record is preserved of the voyages to the eastward made by the Sylph and the Jamesina, both belonging to the firm of Jardine, Matheson & Co., dispatched mainly for the purpose of selling opium; but earlier than their voyages was that of the Lord Amherst, which, being dispatched by the East India Company, carried no opium." (Hosea Ballou Morse, The Chronicles of the East India Company trading to China 1635-1834, Vol. IV, (Oxford: At The Clarendon Press, 1926), 332.

10   The Calcutta Magazine and Monthly Register 1831, Vol. II, Calcutta Samuel Smith and Co Hare Street, 1831, 100.

11   Christian Ministers of various Denominations (ed.), The Calcutta Christian

귀츨라프의 선교 여행지인 동아시아 지도[12]

Observer. Vol. II. Jan.-Dec. (Calcutta: the Baptist Mission Press 1838), 51.

12 K. Gützlaff, *C. Gützlaff's Missionars der evangelischen Kirche, dreijähriger Aufenthalt im Königreich Siam nebst einer kurzen Beschreibung seiner drei Reisen in den Seeprovinzen Chinas in den Jahren 1831-1833*, Basel: Felir schneider, 1835.

운항하여, 인도 마드라스(Madras)에서 2월 21에 출항하여, 3월 3일 캘커타에 도착했고, 1833년 5월 23일에는 캘커타에서 싱가포르와 중국으로 출항하였다.[13]

또한 1833년에 로드 애머스트호는 캘커타 항구의 입구에 위치한 곳이며, 인도 뱅골만 북서쪽의 사가르섬(Sagar)의 북서쪽에 위치한 카우콜리 등대(The Cowcolly Lighthouse) 앞에서 강풍을 만나 배가 통제력을 잃고 그 등대 가까이 해상에서 표류하다, 해안가에서 끝내 난파되었으나[14] 승무원들은 구조되었다는 기록도 남아 있다.[15] 1836년에는 이 선박이 카우콜리(Cowcolly)에서 또 난파되었다는 기록이 있고,[16] 1840년 5월 30일 로드 애머스트호의 선박 좌초에 대한 다른 기록도 남아 있다.[17] 이처럼 단편적인 출입항 기록과 좌초의 기록이 남아 있을 뿐, 애석하게도 로드 애머스트호 선박 자체의 규모를 알게 해주는 정확한 서양측 기록이나 규모를 알게 해주는 그 흔한 배의 그림도 아직 발견되지 않았다. 그러므로 로드 애머스트호에 대한 서양 측 사료는 제한적이라 하겠다.

---

13   Christian Ministers of various Denominations(ed.), *The Calcutta Christian Observer*, Vol. II. Jan.-Dec. (Calcutta: the Baptist Mission Press 1838), 198.

14   India. Governor-general, Railways (India), return to an order of the honourable The House of the Commons dated 12 July 1853, (London: the honourable The House of the Commons, 1853) 33; The Calcutta Review, Vol. XXV. July-Dezember 1855, Calcutta: Sanders Cones and Co., 1855, 235.

15   Christian Ministers of various Denominations (ed.), *The Calcutta Christian Observer*, Vol. II. Jan.-Dec. (Calcutta: the Baptist Mission Press 1838), 307.

16   Frederick Walter Simms, *Diamond Harbour Dock and Railway Company*, (Calcutta: W. Rushton, 1847), 36.

17   Frederick Walter Simms, *Diamond Harbour Dock and Railway Company*. 1847, 51.

사료에 담긴 정보가 제한적이다 보니 심지어 1,000톤급 무장
군함이었다는 오해도 있었다.[18] 그러한 잘못된 정보를 용인하게 될
경우, 마치 한국 최초의 외국통상요구선이자, 최초의 선교선의 역할
을 한 로드 애머스트호가 무력으로 개항하고, 선교하려 했다는 인
상을 줄 수 있다. 이는 분명 잘못된 정보이다.

　　로드 애머스트호는 3개의 돛[19]을 가진 507톤[20]의 바크형(Barque
또는 bark)[21] 상업용 범선이라는 기록과 함께, 328톤[22] 또는 350톤[23]
이란 기록들도 남아 있다. 하지만 저자가 『굿 모닝, 귀츨라프』(2014)
에 밝힌 대로 507톤으로 이해하는 것이 더 타당하다.[24] 특히 로드 애
머스트호는 "특별선(Extra Ship)"으로 분류되며, 이는 화물이 일반 화

18　리진호, 『귀츨라프와 고대도』(서울: 에이멘, 1989), 39. 허호익은 500톤급 함선이라
　　하였지만, 근거를 대지 않았다. 허호익, 『귀츨라프의 생애와 조선선교활동』(서울: 한
　　국기독교역사연구소, 2009), 71.

19　『조선왕조실록』, 순조 1832년 7월 21일(음력).

20　India. Governor-general, Railways (India), return to an order of the honourable The
　　House of the Commons dated 12 July 1853 (London: the honourable The House
　　of the Commons, 1853) 33. 애머스트호가 506톤이란 다른 기록은 다음 웹사이트
　　참조. East India Company Ships, https://eicships.threedecks.org/ships/shipresults.
　　php?start=L

21　James Bromley Eames, *The English in China: Being an Account of the Intercourse
　　and relations between England and China from the year 1600 to the year 1843 and a
　　summary of later developments* (London: Curzon Press (etc.), 1974), 167.

22　The Calcutta Magazine and Monthly Register 1831, Vol. II, Calcutta Samuel Smith
　　and Co Hare Street, 1831, 100; East India Register and Directory for 1829, 2. ed.,
　　(London: J. L. COX, 1829), 155.

23　John J. Heeren, On the Shantung front; a history of the Shantung mission of the
　　Presbyterian church in the U.S.A., 1861-1940 in its historical, economic, and
　　political setting (New York: Board of foreign missions of the Presbyterian church in
　　the United States of America, 1940), 37.

24　오현기, 『굿 모닝, 귀츨라프』(성남: 북코리아, 2014), 229-231에 언급된 톤 수 연구를
　　참조하라.

19세기 초·중반의 범선(철판화, 1840년경) 오현기 소장

물 상선이 제공하는 수송 공간을 초과하는 경우, 동인도회사가 하나 이상의 선박을 용선하여 특정 계획에 투입하는 배를 가리킨다.[25] 화이트멘 상사(Messrs. Whiteman & Co.)로부터 매달 2,500달러를 지불하고 용선한 것이다.[26]

---

25 East India Company Ships, https://eicships.threedecks.org/ships/shipresults.php?start=L

26 Hosea Ballou Morse, The Chronicles of the East India Company trading to China 1635-1834, 1926, 333.

조선 측 사료를 보면, 순조실록 1832년 음력 7월 21일 공충감사 홍희근(洪羲瑾)의 장계에 대한 비변사의 의견에 이미 이 배를 "행상(行商)"하는 배로 지칭하고 있고, 같은 날짜 기록 예부(禮部) 자문(咨文)에도 "행상"하는 배로 기록하고 있다.[27] 또한 읍지류 충청도편에도 "서양상강(西洋商舡)"으로 파악했다.[28]

이상에서 살펴보았듯이 로드 애머스트호는 원래 한 회사에 소속된 무역전용 선박이며, 영국 동인도회사에 용선되어 한시적으로 임무를 수행했던 특별선임을 알 수 있다. 로드 애머스트호의 1832년의 특별 탐사계획은 동인도회사의 광동무역회사(supra Cargoes at Canton)의 특별위원회 의장인 메조리뱅크스가 기획하고, 동인도회사의 상무관이었던 린지가 항해 총책임자가 되었다.[29] 이 선박의 선장은 토마스 리스(Thomas Rees)였다. 리스에 대한 정보는 극히 제한적이다. 그의 아내 이름은 마리아 리스(Maria Rees)이며, 그녀는 1836년 12월 27일 마카오에서 34세의 일기로 숨졌다는 것과[30] 리스는 부인과의 사이에 적어도 두 명의 딸이 있었는데, 한 명은 1830년 10월 11일에 인도 캘커타에서 태어났고[31] 또 다른 한 명은 1833년 7월 16일 캘커타에서에서 태어났다라는 정도이다.[32]

---

27 『조선왕조실록』, 순조 1832년 7월 21일(음력).

28 『읍지류』 충청도편, 규장각한국학 연구원, http://kyujanggak.snu.ac.kr/

29 H. Lindsay, *Report*, 1834, Advertisement.

30 East India Company, *Asiatic journal and monthly miscellany*, Vol. 24 (Sept.-Dec.) (London: Wm. H. Allen and Co. 1837), 217.

31 East India Company, *Asiatic journal and monthly Register*, Vol. 4(Jan.-Apr.), (London: Parbury Allen & Co., 1831), 214.

32 East India Company, *Asiatic journal and monthly Register*, Vol. 8 (Jan.-Apr.), (London: Parbury Allen & Co., 1834), 203; 8월 16일이 출생일이라는 기록이 또한

리스가 조선을 방문했을 때 그의 나이는 32세였다. 그의 역사적인 결정적 기여는 로드 애머스트호가 조선을 탐방했을 때, 그가 작성한 해도에 외연도 녹도 불모도를 거쳐 고대도에 도착한 것을 자세히 표기했다는 점이다.[33] 이는 로드 애머스트호의 고대도 정박을 확고히 하는 중요 증거 중 하나가 된 것이다. 그리고 다른 서양 선박의 조선 방문에 중요한 참고 자료가 된 것은 물론이다. 이를 본서의 제4장에서 자세히 다루고 있다.

귀츨라프가 타고 온 로드 애머스트호는 조선에 처음으로 통상을 요구한 배이자, 평화적인 방법으로 친선관계를 형성하려 했다는 점에서 중요한 의의를 지닌다. 역사의 가정은 부질없겠지만, 만약 조선과 통상이 이루어져서 여러 나라와 점차적으로 교역이 확대되었더라면 조속한 조선의 개화에 기여했을 것이고, 특히 조선의 국왕과 지도자들이 복음을 받아들였다면 조선의 역사가 새롭게 되었을 것이기에 통상의 거부와 복음의 거부는 이런 점에서 큰 아쉬움으로 남는다.

위에 언급한 대로 로드 애머스트호의 1832년의 특별 탐사계획은 동인도회사의 광동무역회사의 특별위원회 의장인 메조리뱅크스가 기획하고, 동인도회사의 상무관이였던 린지가 항해 총책임자가

있다. The Calcutta Christian Observer, Vol. II, 1838, 465.

33 "Chart shewing the track of the Lord Amherst among the outer islands of the Corean Archipelago by Capt. T. Rees 1832" drawn on a scale of 3 inches to a degree 1 f. 4 in. x 1 f. 2 in. (Add 16,365. x.)", British museum dept. of MSS., (Catalogue of the Manuscript Maps Charts and Plans and of the topographical Drawings in the British Museum, Vol. III (London: Order of the Trustees 1861), 343.

휴 해밀턴 린지(Hugh Hamilton
Lindsay, 한문명: 胡夏米)[34]
조지 치너리(George Chinnery) 作

되었다.[35] 당시 그의 나이 30세였다.

　1800년생인 리스가 선장으로서 조선을 방문했을 때, 그의 나이
는 32세였고, 1803년생인 귀츨라프는 당시 29세였으니, 로드 애머
스트호를 이끄는 사람들은 모두 20대 후반에서 30대 초반의 젊은이
들이었다.

　로드 애머스트호는 총 67명을 싣고 1832년 2월 26일 마카오에
서 출항하였다.[36] 다른 사람들과는 달리 귀츨라프에게 있어서 이 여
행은 통상로의 개척이 아니라 "전능하신 하나님의 손이 지금까지

34　Hugh Hamiton Lindsay, painted by George Chinnery, https://kknews.cc/
　　history/3lbzbx3.html

35　H. Lindsay, *Report*, 1834, Advertisement.

36　*The Chinese Repository*, Vol. XI, 1842, 7에는 출항 날짜를 2월 27일로 오기되어 있다.

선교사역들(Missionsarbeiten)에 아직도 대항하는 어리석은 정치적 행동을 제거하시고, 또한 이 소망의 경작지를 얻으려는 그리스도의 사자(使者)들을 위해 그 길을 예비하실 것"[37]이기에 참여한 것이다. 그가 목숨까지 걸고,[38] 조선을 비롯한 동아시아를 방문한 본 뜻은 바로 선교사역들을 위해서였다. 운항일정을 보면, 마카오를 출발(2. 26)하여, 타이완(4. 11)을 거쳐 닝보(寧波, 5. 26), 상하이(上海, 6. 19), 충밍다오(崇明島, 6. 19), 산둥(Schang Tungin), 류궁다오(劉公島, 7. 8), 웨이하이(威海, 7. 15), 조선(7. 17~8. 17) 그리고 일본(오키나와)를 거쳐 마카오로 돌아오는 여정이었다.

1832년 7월 17일(음력 6. 20) 오전 10시경 귀츨라프 일행에게 조선의 연안이 눈에 들어왔다.[39] 귀츨라프는 자신이 정박한 곳을 1816년 영국 군함 알세스트호(Alceste, 대포 46문)와 범선 리라호(Lyra)가 조선을 방문했을 때, 9월 4일에 충청도 마량진(馬梁鎭) 갈곶(葛串, 지금의 충남 서천군 서면 마량리) 도착해서[40] 거기를 바실만(Basil Bay, 지금의 비인만)이라 명명한 곳을 기준으로 "북쪽에 있는 한 섬, 장상(Tschwang-schang)"[41] 또는 "바실만 북쪽에 있는 섬 장산(Chwang-shan)[42]"으로 표

---

37 K. Gützlaff, *Aufenthalt*, 1835, 252.

38 귀츨라프는 2차 선교여행 시 위험한 양쯔강 하구와 대양이 만나는 곳에 퇴적된 "위험한 모래톱들"을 지나기도 하였고(K. Gützlaff, *Aufenthalt*, 1835, 240). 조선에서는 거의 익사할 뻔했던 일이 있었다(K. Gützlaff, *Die Mission in China: Vorträge, in Berlin gehalten*, 1850, 12).

39 H. Lindsay, *Report*, 1834, 215.

40 『조선왕조실록』, 순조 16년(1816) 7월 19일(음력) 충청수사(忠淸水使) 이재홍(李載弘)의 장계에 나타난다.

41 K. Gützlaff, *Aufenthalt*, 1835, 245.

42 C. Gutzlaff, *Journal*, 1834, 320.

기했다.[43] 마량진에서는 한국개신교 선교 역사에 중요한 사건 중 하나인 최초의 성경 전달 사건이 일어났던 곳이다.[44]

조선 측 자료를 참고할 때, 위에 언급된 장산은 황해도 장산을 지칭하는 것이 분명하다.[45] 린지도 7월 17일 오후 5시경에 귀츨라프와 함께 해안에 접근했다가 작은 고깃배를 만났고, 그들에게 책 한 권과 영국 동인도회사의 사자 문양이 있는 단추를 선물했다.[46] 귀츨라프의 기록은 책 몇 권과 사자 무늬 단추를 주었다 한다.[47] 이와 상응하는 조선 측 기록에 의하면 선물을 받은 사람들은 조이진에 거주하는 어민 김대백(金大伯)과 조천의(趙天義)였고, 7월 17일(음력 6월 20일) 포시(晡時, 오후 3시~5시)에 만났다 했으니 린지의 기록과 일치한다.[48]

귀츨라프와 린지의 기록에 따라 최초 정박지를 어느 한 섬 곁

43 린지는 장산을 "제임스 홀 경의 군도(Sir James Hall's Group)의 북쪽의 큰 섬, 장산 풍상(Chang-Shan Pung-shang)"으로 표기했다. 'Pung-shang'이 장산곶에 인접한 평풍산을 지칭한 것으로 추측된다. 오현기, "한국에서의 첫 개신교선교사 귀츨라프의 조선선교 기록에 대한 비교연구", 『부경교회사연구』 제17호(2008. 11), 14를 참고하라.

44 이 배들은 영국의 머레이 맥스웰(Murray Maxwell, 1775-1831) 대령과 바실 홀(Basil Hall, 1788-1844) 대령이 각각 이끌었다.

45 조선 측 사료인 일성록에 보면 귀츨라프 일행이 제일 처음 만난 조선 어부들과 필담을 나누었을 때 그들이 장산(長山)을 손으로 가리키며 장산 자만을 써 주었다. 이로써 귀츨라프 일행은 장산의 지명을 알 수 있었다(일성록 순조 1832. 9. 5(음력 8. 11)).

46 H. Lindsay, *Report*, 1834, 215.

47 C. Gutzlaff, *Journal*, 1834, 320.

48 『일성록』, 순조 32년 8월 11일(음력). "至與本土漁人輩有所問答亦以魚鮮書冊互相與受而又有該鎮吏校之爲逐送出去者筆札酬酢殆若問情者然矣不勝驚駭即爲捉致其時問答之漁人輩及該鎮出去之吏校一一盤覈則助泥鎮鎮底居漁民金大伯趙天義等招內渠等六月二十日晡時同乘小艇釣魚於本鎮三十里夢金浦矣忽有大船一隻來自西南外洋漸漸將近下碇中流故遙望其船長可十餘把前中後立三棹既非我國船又與唐船不同心甚疑忉方欲移船回避之際彼船中諸人乘其所隨挾船疾追如飛"

로드 애머스트호와 고대도　　103

으로 간주할 때, 이 장소의 정보를 얻기 위해서는 당시 영국 동인도 회사 소속으로 싱가포르 주위의 해도를 그렸던 인물인 스코틀랜드 수계 지리학자 홀스버그(James Horsburgh, 1762-1836)의 기록이 도움이 된다. 그의 책『인도항해 또는 훈령지시서』제5판에서는 최초정 박지를 "다니엘 섬(Daniel Island)"이라고 하며,[49] 같은 책 제7판에서는 "다니엘섬이 곧 장산(Chang shan)"이라고 보충한다.[50]

이를 근거로 하여 1861년 영국 왕립 수계(水界) 지리청(Great Britain Hydrographic Department)이 발행한『중국 항로 안내집』제3판에서는 장산 혹은 다니엘섬의 좌표는 38°17′N 124°56′E이며, 그 위치는 "제임스 할 군도 최북단 섬(백령도)로 부터 북쪽으로 해상 12 마일[51] 떨어져 있다고 했다.[52] 백령도를 기준으로 북쪽 12마일 떨어져 있다는 위치 설명은 지금의 몽금포 앞 해상 근처이며, 이는 조선 측 사료와도 일치한다.[53] 그 위치에서 린지가 말하는 "가까이 있는

---

49 James Horsburgh, *The India directory, or, directions for sailing to and from the East Indies, China, Australia, and the interjacent ports of Africa and South America*, Vol. 2, 5. ed. (London: Allen, 1843), 470.

50 James Horsburgh, *The India directory, or, directions for sailing to and from the East Indies, China, Australia, and the interjacent ports of Africa and South America*, Vol. 2, 7. ed. (London: Allen, 1859), 505.

51 당시 영국 해리(海里, nautical mile)는 1,853.184m이다.

52 Great Britain Hydrographic Dept, *The China Pilot; Comprising the Coasts of China, Korea, and Manchuria; The Sea of Japan, the Gulfs of Tartary and Amur, and the Sea of Okhotsk*, 3rd ed. (London: Great Britain Hydrographic Dept., Admiralty 1861), 254.

53 이에 대한 조선 측 사료도 이와 비슷한데, 첫 보고자는 만호(萬戶)직을 가진 이민수(李民秀)이며, 1882년 7월 20일(6월 23일 음력) 보고는 7월17일(6월 20일 음력) 몽금포(夢金浦) 앞바다(本浦前洋)의 이양선을 당선(唐船)으로 오해하였다. (일성록 1832년 9월 5일(8월 11일 음력) 하지만 황해 감사(黃海監司) 김난순(金蘭淳)의 보고에 의하면 "1832년 7월 18일(6월 21일 음력) 황해도 장연군 조이진(助泥鎭)에 이양선이 정박하였다"한다(조선왕조실록: 순조 1832년 9월 5일(8월 11일 음력) 일성

돌섬과 구별되는 큰 섬"[54]이 있는 곳을 지도상에서 찾으면, 몽금포 앞바다의 섬들, 몽금도(夢金島)와 외몽금도(外夢金島)뿐이다. 1872년의 지방도(地方圖)를 참고할 때, 그중에서 비교적 큰 섬은 현재 대도 또는 큰 섬으로 불리는 몽금도(38°11′24″N 124°46′05″E)이다. 몽금도는 위성 사진을 참고할 때 동서 약 440m, 남북 약 150m 크기의 유선형으로 생긴 섬이다. 섬은 육지에서 약 1km 정도밖에 떨어져 있지 않다. 이 곁에는 동서 90m 남북 74m의 크기로 몽금도보다 훨씬 작은 외몽금도(38°11′24″N 124°45′47″E)가 있지만 린지의 기록처럼 작은 돌섬이다. 그러므로 귀츨라프가 타고 있는 로드 애머스트호가 최초 정박한 곳은 장산곶 근처 몽금포 앞바다의 몽금도(대도) 앞에 최초 정박했다고 보는 것으로 보는 것이 맞다. 이때 로드 애머스트 호의 선상에서 조선의 국왕께 바치는 청원서가 작성되었다. 다음 날 황해도 조이진(助泥鎭)으로 추정되는 지역에 진입하였으나 적대적인 조선인들을 만나 더 이상의 소통이 무의미하다고 생각하고 남하하여 외연도, 녹도, 불모도, 고대도 순으로 항해하였고 마침내 로드 애머스트호의 조선 내 최장기 정박지이며, 최초의 본격적 선교지였던 고대도에 도착하게 된다. 자세한 이야기는 다음 장에서 자세히 다루고자 한다.

록과 차이가 있지만, 서양의 자료와 일성록의 자료를 참고할 때 1832년 7월 17일(6월 20일 음력)이 도착일임이 분명하다.

54   H. Lindsay, *Report*, 1834, 215.

조선 측 자료, 즉 김경선(金景善)의 "영길리국표선기(英吉利國漂船)"를 보면 로드 애머스트호에 관한 비교적 자세한 정보를 담고 있다.

이것을 근거로 하여 로드 애머스트호의 면모를 추정해 보면 다음과 같다.

(1) 기본 제원

- 진수연도: 1825년[55]
- 재원: 이목(棟木: 가시나무)[56]
- 톤수: 507톤[57]
- 배의 규모[58]
  - 길이: 30파(把, 46.5m)
  - 너비: 6파(把, 9.3m)
  - 세 돛대: 앞 돛대: 3층 19파(29.5m)

    중간 돛대: 3층 22파(34.1m)

    뒤 돛대: 6층 16파(24.8m)

---

55 김경선(金景善), "영길리국표선기(英吉利國漂船記)", 『연원직지(燕轅直指)』, 제1권, 출강록(出彊錄), 임진년(1832, 순조 32, 11월 25일).

56 김경선, "영길리국표선기", 『연원직지』, 제1권, 출강록, 임진년(1832, 순조 32, 11월 25일). 한국고전번역원(https://db.itkc.or.kr/)의 번역에 따르면, 이목은 가시나무이다.

57 파에 대한 기록과 배의 톤수 계산법은 오현기, 『굿 모닝, 귀츨라프』의 227-231을 참고하라.

58 김경선, "영길리국표선기", 『연원직지』, 제1권, 출강록, 임진년(1832, 순조 32, 11월 25일).

로드 애머스트호의 규모(507톤). 각 층은 수레바퀴 모양으로 만들어져 있으며, 중간에 사람이 설 수 있는 받침대를 달아 놓았다. **오현기 모형 제작 및 일러스트**

로드 애머스트호의 뱃머리 모형. 뱃머리에 멀리 바라보는 것 같은 사람의 형상이 있다.
오현기 일러스트

(2) 애머스트호의 구조

- 상층(上層)과 중층(中層)
- 큰 방이 10간(間), 작은 방이 20간(間)[59]
- 배의 양쪽 머리에 각각 건령귀(乾靈龜: 나침반) 설치

로드 애머스트호 건령귀 오현기 모형 제작 및 일러스트

애머스트호의 배의 앞쪽에는 조리실이 있고 뒷부분에는 선관(船官)이 거처하는 방(선장실)이 있다.

---

59 『조선왕조실록』, 순조 1832년 7월 21일(음력).

선미에 있는 선장실
오현기 모형 제작 및 일러스트

1800년대 범선(철판화, 1840년경) **오현기 소장**

(3) 배에서 키우는 짐승

애머스트호 안에는 희고 검은 염소[羔]를 자체적으로 키우고 있으며, 오리와 닭을 가두는 새장에 홰(塒)를 설치하고 있고, 돼지우리도 갖추고 있었다.

(4) 배에 설치된 장비

푸른색이나 검은색 칠을 한 급수선(汲水船) 또는 긴 보조선(long-boat) 4척을 배의 좌우에 항상 매달아 놓았다.[60]

애머스트호 급수선 오현기 모형 제작 및 일러스트

60   『조선왕조실록』, 순조 1832년 7월 21일(음력); 김경선, "영길리국표선기", 『연원직지』, 제1권, 출강록, 임진년(1832, 순조 32, 11월 25일).

(5) 식기류

사용하는 그릇은 화기(畵器)이고, 술통(樽)과 병(瓶)은 유리였고, 숟가락은 은(銀)으로 만들어졌다.

(6) 무장

이 배의 무장에 관한 조선 측 기록에 배 안에 실은 병기(兵器)는 환도(環刀) 30자루, 총 35자루, 창 24자루, 대화포(大火砲) 8대,[61] 그 외 개인화기(권총) 등으로 무장하였다.

(7) 승선자

① 승선인원: 총 67인[62]

승선자들의 면모를 볼 때, 승선자 총원 67명 중, 배를 실질적으로 이끌고 있는 서양인들은 출신지가 기록되지 않은 사자(寫字: 기록관)인 노도고(老濤高) 포함하여 9명 내지 10명이며, 평균 나이는 약 25세의 젊은 나이이다.

또 배에 타고 있는 사람들에 대해 『조선왕조실록』 순조편 1832년 7월 21일(음력)과 김경선(金景善)의 "영길리국표선기(英吉利國漂船記)"에 기록이 남아 있는데, "영길리국표선기"가 『조선왕조실록』 순조편보다 이름, 직책, 거주지, 나이까지 좀 더 상세히 자세히 기록하

---

61 "環刀三十銃三十五鎗二十四大火砲八", 『조선왕조실록』; 순조 1832년 7월 21일(음력); 『일성록』 1832년 7월 8일(음력).

62 『조선왕조실록』; 순조 1832년 7월 21일(음력); 김경선, "영길리국표선기", 『연원직지』, 제1권, 출강록, 임진년(1832, 순조 32, 11월 25일)에 승선인원을 총 67명이라 보고하고 있다.

여 남기고 있다. 이들 승선자 명부를 종합할 때 약 70명 정도의 승선인원이 나오며, 이는 67명의 명부를 기록할 때, 어떤 경우든지 명부상의 약간의 착오가 났을 수 있다.

② 승선자 명부[63]

번호	이름	나이	직책	국적/출신	이름(추정포함)
1	호하미 (胡夏米)	30세	선주(船主), 4품(品), 자작(子爵)*	X	해밀턴 휴 린지 (H. H. Lindsay)
			선장(船長)[64]**	영국 난돈 (蘭墩,런던)	
2	이사(李士)	32세	출해(出海: 선장)	영국 런던	토마스 리스 (Thomas Rees)
3	갑리(甲利)[65]*	X	6품(品) 거인(擧人) 수생(隨生: 수행비서)	영국, 런던으로 기록되어 있으나 실제적으로 독일 (프로이센, 퓌릿츠 출생)	칼 귀츨라프 (Karl Gützlaff)
	하(何)**	29세	6품(品) 거인(擧人) 의생(醫生)		

---

63 일러두기
* : 『조선왕조실록』; 순조편 1832년 7월 21일(음력)
** : 김경선, "영길리국표선기(英吉利國漂船記)", 『연원직지』, 제1권, 출강록, 임진년 (1832, 순조 32, 11월 25일, 음력)
*과 ** 두 곳 모두 언급되었을 시에는 표식 없음.
X: 기록 없음, ?: 실명 미상

64 실제적으로 선장은 토마스 리스였으며, 린지는 동인도회사의 상무관이었다.

65 『조선왕조실록』, 순조편 1832년 7월 21일(음력)에는 "6품 거인(擧人)수생(隨生: 수행비서) 갑리(甲利)라고 되어있는데 칼의 중국식 음역이다. 그러나 "영길리국표선기

번호	이름	나이	직책	국적/출신	이름(추정포함)
4	파록(波綠)	38세	제일 과장 (第一夥長)	영국 런던	스티븐스[66]로 추정 (Stephens = Stevens)
5	심손(心遜)	22세	제이 과장 (第二夥長)	영국 런던	심슨(Simpson)
6	약한(若翰)	20세	제삼 과장 (第三夥長)	영국 런던	존(John)
7	제문(弟文)	19세	화사(畫師: 화가)	영국 런던	?
8	노도고(老濤高)*	X	사자(寫字: 기록관)	X (추정: 스페인 또는 포르투갈인)	로드리고 (Rodrigo) (?)
9	미사(米士)	15세	시종(侍從)	영국 런던	마이클(Michael)
10	필도로(必都盧)[67]	20세	X	영국 런던으로 기록되어 있으나, 실제로 스페인 또는 포르투갈인 추정	페드로 (Pedro)

(英吉利國漂船記)"에는 이름이 하(何), 의생(醫生)으로 기록했다. 통상을 위해 순조 대왕께 드리는 청원서(한문, 음력 1832년 6월 20일 작성, 양력 7월 17일), 『척독류함 정문서달충집(尺牘類函呈文書達衷集)』71쪽에도 린지를 호하미(胡夏米), 귀츨라 프를 갑리(甲利)라 기록하고 있다.

66 H. Lindsay, *Report*, 1834, 231에 보면 조선국왕에게 들릴 예물을 진상할 때에 꼭 참 여시켜야 할 인물로 심슨(Simpson)과 같이 스티븐스(Stephens)을 언급하는 것으로 보아 항해 책임자 중 1등 항해사일 가능성이 높다. 그러므로 파록은 스티븐스일 것 이다.

67 https://www.macaudata.com/upload_files/pdf/2018/04/19/2018041524128034573.pdf, 132.

번호	이름		나이	직책	국적/출신	이름(추정포함)
11	벽다라(辟多羅)		40세	과계(夥計: 심부름꾼)	흔도사탄 (忻都斯坦) (이하 인도)	?
12	마행(馬行)		26세	X	인도	?
13	임이(林爾)		30세	X	인도	?
14	임홍(林紅)		34세	X	인도	?
15	파가(巴加)		26세	X	인도	?
16	파지(巴地)		29세	X	인도	?
17	수수(水手)		34세	X	인도	?
18	가타(嘉他)*		X	X	X	?
19	랍니(拉尼)*		X	X	X	?
20	야만(耶熳)		20세	X	인도	?
21	주한(周翰)*		X	X	X	동일 인물로 추정
	육한(肉翰)**		21세	X	인도	
22	명하(明夏)		44세	X	인도	
23-28	마흥 (馬興)	6명*	X	X	X	?
		1명**	25세	X	인도	?
29	마시(馬是)**		26세	X	인도	?
30	마시(馬是)**		25세	X	인도	?
31-40	진주 (陳舟)	10명*	X	X	X	?
		5명**	한 명은 31세, 나머지는 나이가 각각 다름	X	인도	?

귀츨라프 ON 고대도

번호	이름		나이	직책	국적/출신	이름(추정포함)
41-60	손해 (遜海)	20명*	X	X	X	?
		11명**	한 명은 20세, 나머지는 나이가 각각 다름	X	인도	?
61	모의(慕義)		50세	제일 주자 (第一廚子): 주방장	인도	?
62	무리(無理)		30세	제이 주자 (第二廚子): 주방장	인도	?
63	오장만(吳長萬)*		X	지범(止帆: 돛 담당)	X	? 동일 인물로 추정
	오장(吳長)**		21세	지범(止帆: 돛 담당)	인도	
64	시오(施五)*		X	근반(跟班: 하인)	X	? 동일 인물로 추정
	반시(班施)**		59세	X	인도	
65	시만(施慢)		18세	X	인도	?
66	시난(施難)*		X	X	X	?
67	시환(施環)		16세	X	인도	?
68	시섬(施譫)*		X	X	X	?
69	시니(施尼)		18세	X	인도	?
70	시팔(施八)*		X	X	X	?

배에 탑승한 선원들의 국적을 보면, 영국인, 독일인, 인도인 등으로 구성되어 있다. 아울러 린지에 의하면 아프리카인으로 추정되는 "흑인(Negro)"도 로드 애머스트호에 승선했다.[68] 또한 마카오에서 출발했으니, 마카오를 식민지로 한 당시 포르투갈 또는 스페인으로 추정되는 사람의 한문식 이름도 보인다. 그렇게 될 경우 공식적으로 알려진 것보다 이 배에 탄 사람들의 인종과 국적은 늘어난다. 최소 3개 인종, 5개 국적일 가능성이 있다. 특히 이들의 각자의 이름의 한문표기는 호하미(胡夏米)와 갑리(甲利)의 예에서 보듯이, 애머스트호에 승선했던 조선관원이 한 사람씩 이름을 직접 듣고 발음이 나는 대로 듣고 기록으로 남긴 것이 아니라, 서양인 승선자 중 유일하게 한문을 알던 귀츨라프가 일괄적으로 이름을 기록하여 제출했을 가능성이 더 높다. 한국 최초의 통상요구선에 있던 사람들은 여러 국적과 인종의 다문화적 연합체(eine multikulturellen Gemeinschaft)였던 것이다. 그들이 상륙하여 조선인들과 교류할 때 종교, 의복, 머리 모양, 식습관, 식기류, 무장, 언어, 서적 등 문화적 교류를 통해 조선인들에게 새로운 문화적 자극을 주었음이 틀림없다.

(8) 적재화물

1832년 2월 26일 마카오에서 출항할 때,[69] 적재한 화물

68　H. Lindsay, *Report*, 1834, 230.

69　H. Lindsay, *Report*, 1834, 1. 1832년 2월 26일 귀츨라프의 선교기지가 있던 마카오를 출발했다. 출항일자에 대해 린지와 귀츨라프의 기록이 서로 다른데, 귀츨라프는 2월 25일에 마카오에서 배에 탑승했으나, 역풍과 안개로 인해 27일까지는 항해가 불가능했다고 기록하고 있다. 하지만 영국의회 공식보고서인 H. Lindsay, *Report*, 1834에 기록된 날짜를 공식적 출발로 보는 것이 타당하다.

광폭천 33짐짝,

낙타털 70짐짝,

영국산 옥양목 50짐짝,

목화실 20짐짝,

인도산 목화원료 50짐짝,

모두 합쳐 뱃짐을 223짐짝을 실었다.[70]

1832년 7월 24일 등노(Teng-no)와 함께 온 신분이 높아 보이는 사람들에게 건넨 약간의 선물 중에도 그들이 선적한 옥양목과 모직(calico and camlet) 중에 일부를 선물로 주었다.[71] 린지가 밝힌 조선의 국왕에게 보낼 선물 목록 중에도 완전히 한문으로 번역된 두 질의 성경과 전도책자, 다양한 주제의 책들, 두 질의 성경과 모든 전도서적들의 완전한 번역본 두 질, 대부분 귀츨라프가 중국인들 사이에 배포하기 위해 가져온 고(故) 밀른 박사의 지리, 천문, 과학에 관한 서적과 망원경 2개, 무늬를 새겨 넣은 유리, 향수병, 꽃병 등 6개, 사자무늬가 새겨진 동인도회사 단추 12다스 등과 함께 다양한 색상의 최고급 광폭천 4점, 다양한 색상의 낙타털로 만든 천 6점, 옥양목 14점이 언급되어 있다.[72]

70   Hosea Ballou Morse, *The Chronicles of the East India Company trading to China 1635-1834*, 1926, 333.

71   H. Lindsay, *Report*, 1834, 223.

72   H. Lindsay, *Report*, 1834, 227.

이 장을 정리하자면, 로드 애머스트호는 역사상 최초의 외국선박으로서 정식 통상을 요구한 선박이자 선교신학적 의미로 본다면 한국에 온 최초의 선교선이다. 귀츨라프가 당시 상업하는 동인도회사의 배를 타고 온 것은 그의 선교방법론적인 신념을 가지고 있었기 때문이었다. 즉 "모든 수단과 모든 방법으로(auf allen Wegen und mit allen Mitteln)"[73] 선교한다는 선교방법론이다. 이에 따라 그때까지 잘 알려지지 않은 미지의 나라 조선을 최초의 통상 요구선을 그의 선교의 수단으로 사용하였다. 그가 개인적으로 육로를 택하여 선교하거나, 어떤 다른 방법을 동원하여 개인적으로 조선에 접근하는 것이 당시로서는 거의 불가능했을 것이다. 그렇지만 그의 선교적 열망에 따라 귀츨라프는 무모하게 보이는 여행도 마다하지 않았다.

앞서 언급했듯이, 귀츨라프는 1831년 그의 제1차 선교여행에서도 그때까지 서양인이 방문해보지 못한 지역에 선교를 중국 돛단배를 타고 감행하였고,[74] 1832년 제2차 선교여행은 영국 동인도회사의 로드 애머스트호에 동승했다. 표면적으로는 통상지 개척을 위한 실험적 탐사에 선의(船醫)와 통역사의 역할을 맡아 참가하였지만, 실제 목적은 선교를 위한 여행이었다.[75]

특히 당시 조선은 쇄국정책 중이었고, 그래서 조선은 기독교를 거부하는 "강력한 장애물(der mächtige Schlagbaum des Verkehrs)"이 버티고 있었다. 그래서 "하나님의 은혜의 섭리를 이룰 때가 언제가 될

---

73   K. Gützlaff, *Aufenthalt*, 1835, 143.

74   Karl Friedrich Ledderhose, *Johann Jänicke*, 1863, 125.

75   K. Gützlaff, "Briefe an einen Freund in Berlin (Macao, 1835. 1. 7.)", 376.

지 알 수 없는"[76] 곳이었다. 실제로 1801년(순조 1년)에는 신유사옥 (辛酉邪獄)이 있었기 때문에 이 천주교 탄압 소식을 귀츨라프가 잘 알고 있었다. 그래서 개인적 선교의 활동이 불가능할 뿐 아니라, 대단히 위험한 일임을 이미 인지하고 있었다. "배타적 증오심을 가진 제도로 인해 야기된 야만적 상태(Der Zustand der Barbarei, der durch das gehässige System der Ausschließung)"[77]로 파악한 그에게는 조선과 같은 나라를 방문하고 선교하는 데 있어서 통상선을 이용하는 것이 거의 유일한 대안이었다.

1832년 7월 17일 조선에 도착한 이후 오후 5시경 조선인 어부들을 해상에서 만남을 시작으로 해서,[78] 로드 애머스트호의 선상에서 조선의 국왕에게 올릴 통상청원서를 작성하기도 했다.[79] 조선의 고관들과 고관의 조정관 등을 이 선박에서 만나 문화적·인적 교류를 하였다.[80]

귀츨라프의 해상 선교기지가 된 로드 애머스트호는 그 배에 매단 급수선(汲水船)[81] 또는 긴 보조선(long-boat)[82]을 타고 천수만과 내륙 창리와 인근 도서를 다니며 탐사와 아울러 전도책자를 나누어

---

76   K. Gützlaff, *Aufenthalt*, 1835, 247.

77   K. Gützlaff, *Aufenthalt*, 1835, 242.

78   H. Lindsay, Report, 1834, 215. 노인에게 여러 권의 책과 몇 개의 단추를 선물했다. (비교: K. Gützlaff, *Aufenthalt*, 1835, 245).

79   H. Lindsay, *Report*, 1834, 216f.

80   C. Gutzlaff, *Journal*, 1834, 272.

81   『조선왕조실록』, 순조 1832년 7월 21일,(음력); 김경선, "영길리국표선기", 『연원직지』, 제1권, 출강록, 임진년(1832, 순조 32, 11월 25일).

82   H. Lindsay, *Report*, 1834, 227.

급수선을 타고 탐사하는 린지와 귀츨라프 상상도 오희원 일러스트

주며 선교를 했다.[83] 이 배를 모선(母船)으로 여러 지역에 선교를 위한 방문이 가능했다.

　　이 배에 "한문으로 된 신약성경(Exemplare des chinesischen Neuen Testamentes)"인 쪽복음서를 싣고 있었으며,[84] 성경완역본인 『신천성서(神天聖書: 載舊遺詔書兼新 遺詔書)』(Malacca: Anglo-Chinese College, 1823)와 전도서적도 싣고 있었다. 『신천성서』 한 질과 일부 전도서적은 순조대왕에게 진상품으로 올려졌다.[85]

83　C. Gutzlaff, *Journal*, 1834, 283f.;『조선왕조실록』, 순조 1832년 7월 21일, (음력).

84　K. Gützlaff, *Aufenthalt*, 1835, 251; C. Gutzlaff, *Journal*, 1834, 277f..

85　귀츨라프는 "중국을 위한 호소(An appeal in behalf of China)"라는 글을 통해 여러 진상품과 함께 21권(volume)으로 된 성경과 전도서적 2세트를 선물에 포함시

진상된 성경이 신천성서라는 것을 우리는 어떻게 알 수 있는가? 귀츨라프는 "중국을 위한 호소(An appeal in behalf of China)"라는 글을 통해 여러 진상품과 함께 21권(volume)으로 된 성경과 전도서적 2세트를 선물에 포함시켰다라고 밝혔다.[86] 이 성경은 다름 아닌 『신천성서』이다. 신천성서는 중국어로 된 최초의 신구약 완역 성경으로서, 귀츨라프의 선교적 동역자였던 로버트 모리슨이 1823년 말라카(Malacca)에서 출판한 21권(volum) 선장본이다.[87] 그리고 1832년 7월 27일에는 한국 최초의 한글 주기도문 번역이라 할 수 있는 역사적 사건이 바로 이 로드 애머스트호의 선상에서 일어났다.[88]

또한 7월 27일에는 고대도 안항에 정박한 이 배의 선상에서 고관의 한문에 능통한 젊은 비서 "양의(yang-yih)"로 하여금 한글 자모 일체를 체득하고 귀츨라프가 한문으로 써준 주기도문을 써주면서 그가 읽게 하고, 또 이것을 한글로 번역하게 했다.[89]

합리적으로 추론할 수 있는 것은 신천성서의 주기도문 부분(마 6:9-13 또는 누가복음 11장 2-4절)을 본문으로 했다면, 다음의 구절이었을 것이다.

컸다라고 밝혔다(K. Gützlaff, "An appeal in behalf of China," American Board of Commissioners for Foreign Missions, Missionary Herald, Vol. XXX (Boston: Crocker and Brewster 1834), 423); Alexander Wylie & William Gamble, Memorials of Protestant missionaries to the Chinese: giving a list of their publications, and obituary notices of the deceased (Shanghae: American Presbyterian mission press 1867), 5f.

86   K. Gützlaff, "An appeal in behalf of China," 1834, 423.

87   Alexander Wylie & William Gamble, Memorials of Protestant missionaries to the Chinese,1867), 5f.

88   H. Lindsay, *Report*, 1834, 239.

89   H. Lindsay, *Report*, 1834, 239.

신천성서 주기도문 마태복음 6장 9-13절[90]

❾故此爾如此祈禱云(고차이여차기도운), 我等父在天者(아등부재천자), 爾名成聖(이명성성), ❿爾王就至(이왕취지), 爾旨成行(이지성행), 於地如於天焉(어지여어천언). ⓫賜我等以日用糧(사아등이일용량), ⓬赦我等負債如我赦負債我等者也(사아등부채여아사부채아등자야). ⓭勿由我等入誘惑(물유아등입유혹), 乃救我等出凶惡(내구아등출흉악). 蓋爾為之國者(개이위지국자), 權者(권자), 榮者(영자), 於世世(어세세). 啞(아멘).

---

90   https://bible.fhl.net/ob/ro.php?book=179&procb=3

신천성서 누가복음 11장 2-4절[91]

❷謂伊等曰(위이등왈), 爾祈禱時(이기도시), 曰(왈), 吾父在天者(오
부재천자), 爾名成聖(이명성성), 爾王到來(이왕도래), 爾旨得成
(이지득성), 于地(우지), 如于天然(여우천연). ❸賜吾每日吾日用
糧(사오매일오일용량), ❹免吾罪(면오죄), 蓋吾亦免負我者(개오역
면부아자), 勿引吾進誘惑(물인오진유혹), 惟救我于凶惡(유구아우
흉악).

---

91   https://bible.fhl.net/ob/ro.php?book=179&procb=3

또 이 배의 선상에서 감기에 걸린 노인 60명분의 약을 선상에서 처방해 주기도 하였으니 병원선의 역할도 한 것이다.[92] 그렇다면 로드 애머스트호는 조선에 온 최초의 서양 통상요구선일 뿐 아니라 최초의 서양 병원선의 역할도 한 셈이 된다. 정리하자면, 선상에서 통상청원서를 작성한 최초의 통상요구선일 뿐만 아니라, 이 배의 선상에서 조선의 고관들과 평민들을 만나 문화적·인적 교류를 한 문화 중개선의 역할을 했다. 무엇보다도 로드 애머스트호의 가치는 한국 개신교 선교 역사에 있어 최초로 한국에 온 개신교 선교사를 싣고 온 배이자 조선의 국왕에게 진상할 성경과 조선인들이 읽을 수 있는 한문 신약성경 쪽복음서와 전도서적을 싣고 와서 최초로 반포하는 데 사용되었다는 것이다. 복음을 안고 온 최초의 선교선, 로드 애머스트호! 이 점에서 그 배에 선교 역사적 가치를 부여함이 마땅하다.

---

92   C. Gutzlaff, *Journal*, 1834, 283.

episode photograph
칼 귀츨라프의 날

칼 귀츨라프 학회 창립총회(2014. 3. 1, 서울 은강교회, 황병근 목사 시무)

**Botschaft
der Bundesrepublik Deutschland
Seoul**
주한
독일연방공화국 대사관

Botschaft der Bundesrepublik Deutschland, C.P.O Box 1289, Seoul 100-612

Herrn
Professor Oh Hyun-Ki
Präsident der Karl Gützlaff-Gesellschaft
Suncheonhyangno 1060
Baebangeub
Asan-si
336-850

Herr Rolf Mafael
Botschafter
대 사

TEL   + 82-2-748-4101
FAX   + 82-2-748-4161
e-Mail   L-Vz1@seou.diplo.de

Seoul, 22.07.2014

Sehr geehrter Herr Professor Oh,

zur Gründung der Karl Gützlaff-Gesellschaft am 01. März diesen Jahres gratuliere ich den Mitgliedern der Gesellschaft und Ihnen persönlich als dessen Präsidenten recht herzlich.

Trotz des bereits engen Geflechts der bestehenden deutsch-koreanischen Gesellschaften war die Gründung dieser Gesellschaft noch einmal etwas ganz besonderes. Denn vor 182 Jahren war Gützlaff der erste Deutsche, der nachweislich koreanischen Boden betrat. Die Ankunft Gützlaffs an der Westküste Südkoreas steht somit symbolisch für den ersten Schritt zu der fruchtbaren Zusammenarbeit und Freundschaft die Deutschland und Korea verbindet. Erst im vergangenen Jahr haben wir einen weiteren Meilenstein in den deutsch-koreanischen Beziehungen mit dem 130. Jubiläum des Handels-, Schifffahrts- und Freundschaftsvertrags breit gefeiert.

Der 182. Jahrestag der Ankunft von Karl Friedrich August Gützlaff an Bord der „Lord Amhearst" auf der Insel Godae sollte erst der Beginn einer ganzen Reihe von Deutschen sein, deren Namen zumindest Historikern auch heute noch ein Begriff sind. Stellvertretend nennen möchte ich hier nur Paul Georg von Möllendorf, Franz Eckert und Richard Wunsch. Als Missionar, Berater der Regierung, Komponist und Leibarzt haben alle vier Personen das frühe Bild der Deutschen in Korea auf ihre eigene Art und Weise geprägt.

Für die Festveranstaltung am 25. und 26. Juli wünsche ich Ihnen gutes Gelingen!

Mit freundlichen Grüßen

126

번역문

오현기 칼 귀츨라프 학회장 귀하

서울, 2014년 7월 22일

존경하는 오현기 교수님,

올해 3월 1일 칼 귀츨라프 학회를 설립하신 데에 대해 학회 회원님들과 학회장이신 교수님께 진심으로 축하의 말씀 드립니다.

이미 많은 한국과 독일의 학회들이 긴밀하게 협력하고 있는 실정이지만, 칼 귀츨라프 학회의 설립은 보다 특별하다고 할 수 있습니다. 그것은 182년 전 한국 땅을 밟은 첫 독일인이 바로 귀츨라프이기 때문입니다. 귀츨라프가 서해안에 발을 디딘 일이 곧 한국과 독일의 우호협력관계의 첫 걸음을 상징한다고 할 수 있습니다. 작년에 우리는 한독관계의 또 다른 이정표라 할 수 있는 통상우호항해조약 체결 130주년을 기념한 바 있습니다.

칼 프리드리히 아우구스트 귀츨라프가 탄 로스트 암호스트호가 고대도에 정박한 일을 시작으로 일련의 독일인들이 한국을 찾아왔습니다. 이들의 이름은 적어도 역사학자들에게는 잘 알려져 있을 것입니다. 대표로 파울 게오르크 폰 묄렌도르프, 프란츠 에케르트, 리하르트 분쉬만 언급하도록 하겠습니다. 이들 4인은 선교사, 외교고문, 작곡가, 황제의 시의로 각자 자신의 분야에서 당시 조선에 독일인의 이미지를 각인시켰습니다.

7월 25, 26일 행사가 성공적이기를 기원합니다.

인사를 드리며,

롤프 마파엘(Rolf Mafael) 독일 대사의 귀츨라프 학회의
설립과 제1회 칼 귀츨라프의 날 축하서신(2014. 7. 22)

2014년부터 시작된 칼 귀츨라프의 날은 2024년 현재 11회에 이르고 있다.

제4장

마지막 퍼즐 "Gan-keang"은
고대도 안항!

"이 외딴 나라(조선)에 좋은 씨가 뿌려졌고, 머지않아
영광스럽게 싹이 돋아날 것이고, 열매가 맺힐 것이다."

– 칼 귀츨라프의 *"An appeal in behalf of China(1833)"* 중에서

　본 장에서는 한국 최초의 선교사 칼 귀츨라프[1]가 탑승했던 "로
드 애머스트호"의 "고대도 안항(古代島安港)"[2] 정박에 관한 역사적 사
실을 고증하고자 한다. 이를 통해 일각에서 주장하고 있는 로드 애

1　칼 귀츨라프 선교사의 생애와 선교사역에 대하여는 오현기, 『굿 모닝, 귀츨라프』(성
　남: 북코리아, 2014)를 참조하라.

2　고대도는 조선 측 공식문서들 외에 조선지도들인 『해동지도(海東地圖)』의 〈대동총
　도(大東摠圖)〉와 『여지도(輿地圖)』, 『광여도』에는 高代島로, 『비변사방안지도』의
　호서지도편 〈호서전도〉에서는 高臺島로, 신증동국여지승람(新增東國輿地勝覽)에
　서는 고태도(古台島), 『1872년 지방지도』 충청도편 〈보령부지도〉와 『동국여도(東
　國輿圖)』의 〈삼남해방도〉에서 古代島로, 서로 다르게 기록됐지만, 이는 모두 고대도
　(古代島)를 가리키는 것이다. 조선 해도사료를 참고하면, 해동지도(海東地圖)의 대
　동총도(大東摠圖); 1750년 초 제작)에는 고대도 곁을 지나는 세곡선의 해로가 정확
　히 그려져 있다. 또 동국여도(東國輿圖: 1800~1820년 제작)에도 세곡선의 항로를
　더 자세히 보여주고 있는데, 원산도(元山島)나 삽시도(挿矢島)를 통해 오는 배가 고
　대도 앞에서 만나고 하나로 합쳐져 고대도와 장고도 사이를 오가는 뱃길이 있다. 이
　지도는 고대도가 해상 교통에 중요한 섬인 것을 보여주는 핵심적 자료이기도 하다
　(동국여도(東國輿圖), 삼남해방도(三南海防圖)(1800~1822년 제작), 규장각한국학
　연구원(http://kyu janggak.snu.ac.kr/)).
　고대도는 1600년대 초반부터 남부 지방의 조곡미를 운반하던 조운선의 중간 기착지
　였고, 남해안 지방에서 연평도로 조기잡이 가던 선박의 물품 보급과 보충을 위한 기
　항지로서 상설시장인 파시(波市)가 형성되었던 곳이다. 또한 원양어선(중선)의 기지
　로 해산물 거래가 많았고, 중국 배가 드나들 정도로 발전된 곳이었다. 고대도는 상업
　도 아울러 발달했다. 뱃사람들과 어상들을 대상으로 하는 조선소를 갖추고 있었고,
　또한 잡화상, 어구상, 음식업, 접객업 등이 발달했던 곳이다(전영진, "고대도 민속의
　특징", 한국국어교육학회 편, 『새국어교육』 제52권, 1996, 335). 그래서 1759년의 인
　근 도서의 주민 현황을 보면, 고대도에 상대적으로 많은 주민이 거주했다는 것을 알
　수 있다. 조선 후기에 각 읍에서 편찬한 읍지(邑誌)를 모아 책으로 엮은 여지도서(輿
　地圖書)의 1759년도를 기준으로 하면 고대도의 가구 수가 면적이 더 넓은 삽시도와
　장고도의 가구 수를 합친 만큼이나 많았다(전영진, "고대도 민속의 특징", 337).

머스트호의 "원산도 개갱 정박설"을 비판적으로 고찰하고자 한다.[3]

저자는 그간 발굴된 국내외 문헌사료와 국내외 해도 사료를 중심으로 상호 비교하거나, 종합적인 분석을 통해 지속적으로 로드 애머스트호의 "고대도 안항" 정박을 주장해 왔다. 본 장에서는 귀츨라프가 승선한 로드 애머스트호가 최장기 정박했으며, 최초의 본격적 선교지로서 "Gan-keang"이 고대도 안항이라는 사실을 고증하기 위해, 새롭게 발굴된 사료와 그간의 발전된 연구의 성과를 반영하여 본 서에 증명하고자 한다. 일각에서 "Gan-keang"이 원산도 개갱이라는 개갱 정박설을 주장하며, 귀츨라프 선교사의 한국 선교의 본격적 사역지이며, 본격적인 조선과 서양문화 간의 교류의 무대가 되었던 고대도를 원산도로 바꾸어 주장하는 의견이 대두됨으로써 이를 바로 잡을 필요성이 대두되었다. 그러므로 본 장에서는 일각에서의 원산도 개갱 정박설의 오해와 혼란을 바로잡아 귀츨라프가 승선한 로드 애머스트호가 고대도 안항에 정박했다는 역사적 사실을 정확히 고증하고자 한다.

사실 일각에서 제기된 원산도 개갱 정박설은 로드 애머스트호가 정박한 항구, "Gan-keang"이라는 표기를 잘못 이해한 것에서 비롯되었다. 이는 로드 애머스트호에 탔던 칼 귀츨라프와 로드 애머스트호의 항해책임자이자 동인도회사 상무관 린지[4]가 "Gan-

---

3 대표적인 주장은 신호철, 『귀츨라프행전』,(서울: 양화진선교회, 2009)이다.

4 린지는 로드 애머스트호에 승선한 동인도회사(the Honourable East India Company: HEIC)의 화주를 대표하여 상선에 승선한 화물관리인(supercargo)의 직책이었다. John W. King, *The China pilot: the coast of China, Korea, and Tartary; the Sea of Japan, Gulfs of Tartary and Amur, and Sea of Okhotsk*, 3rd ed. (London: Hydrographic Office), 1861, 255.

keang"이라고 기록했던 것을 일각에서는 이전에 있었던 원산도 개 갱이라는 옛 지명을 발굴해 발음이 비슷하다는 이유로 자의로 해석 했기 때문이다. 그러므로 본 장에서는 Gan-keang에 대한 표기와 의미를 정확히 고찰함으로써, Gan-keang이 어떤 항구를 지칭한 것 인지를 규명할 것이다. 이를 통해 "고대도 안항"이 "Gan-keang"임 을 정확히 하고자 한다. 또한 "고대도 안항"이 한국 최초의 정식 통 상요구선이었던 로드 애머스트호가 조선에 최장기간 정박한 항구일 뿐 아니라, 한국 최초의 본격적 선교가 이루어진 복음 전래지임을 명 확히 하고, 아울러 본격적 문화 교류를 시도했던 그 역사적 · 문화적 의미와 가치를 되새기고자 한다.

1 고대도 안항의 존재와 정박

1) '고대도 안항'의 존재 여부

'고대도 안항'이란 이름은 『순조실록』, 순조 32년 7월 21일 자의 자 문(咨文: 조선시대 중국과의 공식적 외교문서)에 "본 년 6월 26일(양력 7. 23) 유시(酉時)(오후 5~7시) 경에 이양선(異樣船) 1척이 본주(本州) 고대도 (古代島)의 안항(安港)에 정박하였는데"라는 대목에서 나타난다. 그 리고 『일성록』 순조 32년 7월 11일과 14일의 각각의 기록에서 "고 대도 안항에 끌어와 정박했다(古代島安港引泊)"라고 한다.

이를 참고할 때 일각에서 제기되는 "실제 지명이 아니고 지어낸 이름"이라거나, "지어낸 가상의 지명"이라는 주장은 중요한 1차 사료를 무시하는 것임으로 설득력이 없다. 『순조실록』에 언급된 "자문"의 경우, "괴원(槐院, 승문원)으로 하여금 사실(事實)을 매거(枚擧: 하나하나를 들어서 말함)하여, 자문(咨文)을 짓게 하였음으로(撰出咨文), 형편에 따라 예부(禮部)에 들여보내야 하겠다"라는 말에도 드러나듯이, 사실에 입각하여 기록한 외교문서임을 알 수 있다.[5]

특히 『순조실록』 순조 32년 7월 21일 자에 나타나는 "자문(咨文)"이란 조선시대, 중국과 주고 받던 외교문서의 하나임을 고려하고, 조선과 청나라와의 외교관계를 감안해 본다면, 의도적으로 사실에 입각하지도 않은 거짓 문서를 허위로 작성할 이유가 없는 것이다. 일각에서는 "외국 선박이 다녀간 것을 대국(중국)에 보고하지 않았다가 중국이 알고 책망하면 곤란하니 후환을 없애기 위해 "자문을 찬출(撰出 - 시가나 문장을 지어내는 것)하여 보내자"고 한 것에 비롯되었다"[6]고 하며 자문에 무엇을 꾸며낸 내용을 넣은 것으로 이해하지만, 여기서 "찬출자문(撰出咨文)"이란 뜻은 다름 아닌 '외교문서를 작성한다'라는 공식문서에 자주 보이는 관용적 표현이다.[7] 실제로 이 자문을 작성하여 청(淸)나라 예부에 송부하였다. 이렇게 보내진 자문을 통해 『선종성황제실록(宣宗成皇帝實錄)』에 고대도의 존재가 이 자문에 근거하여 기록되어 있을 뿐 아니라, 청나라의 황제가

---

5   "令槐院, 枚擧事實, 撰出咨文, 從便入送于 禮部", 『조선왕조실록』, 순조 32년(1832) 7월 21일(음력).

6   신호철, "귀츨라프 선교지 원산도에 관한 연구", http://www.yanghwajin.co.kr/ zboard/view.php?id=forum&page=1&sn1=&divpage=1&sn=off&ss=on&sc=on&sel ect_arrange=headnum&desc=asc&no=749.

7   "찬출자문(撰出咨文)"이란 표현은 일성록에만 해도 178건 나오는 '외교문서를 작성한다'는 관용적 표현이다.

순조대왕에게 이 일로 말미암아 하사품을 내린 사실을 기록하고 있다.[8] 이처럼 청나라의 왕조실록까지 고대도가 언급되고 있다. 특히 "안항"은 『조선왕조실록』 전체를 통틀어 고유명사인 지명으로만 나타나는데, 이곳이 바로 고대도에 있는 항구인 안항이다.

2) 고대도의 선참(船站)과 세선(稅船)의 점검소(點檢所)

일각에서는 "원산도는 110년간 조운선을 점검하는 기지로 활용되었다. 따라서 고대도가 조운선 점검기지라는 주장은 거짓이다"라고 주장한다.[9] 원산도에 조운선 기지가 있는 것과 고대도에 조운선 기지의 존재 여부는 상호 별개의 문제이다. 그러함에도 불구하고 급기야 "고대도에 조운선 점검소가 있었다는 주장은 거짓이다"라고까지 섣불리 주장한다. 아마도 그 주장의 요지는 고대도가 선참과 점검소가 없었으므로, 고대도에 외국 배가 장기 정박할 이유가 없는 중요하지 않은 항구라는 것일 것이다.

　　그러나 고대도의 안항은 예로부터 경제적·군사적으로 중요한 항구이다. 조선시대 지도에 나타나는 해로는 통해 귀츨라프 일행의 고대도 정박을 정황상으로도 파악할 수 있게 해 준다. 당시 해로에 따르면 그들의 고대도 정박이 당연하고 자연스럽다. 조선 지도들의 해도들을 참고해 볼 때 애머스트호가 녹도와 불모도를 거친 후 비

8　『선종성황제실록』, 卷之二百二十二 道光十二年 閏九月 二十九日, https://ctext.org/wiki.pl?if=en&chapter=586926&remap=gb.

9　신호철, "귀츨라프의 7월 25일 고대도와 원산도 정박론 비교", http://www.yanghwajin.co.kr/zboard/view.php?id=forum&page=1&sn1=&divpage=1&sn=off&ss=on&sc=on&select_arrange=headnum&desc=asc&no=549.

조선시대 조운선의 모형 고대도 귀츨라프 박물관, 오현기 촬영

교적 현지 지리에 밝은 조선 항해사들을 태우고 "동북쪽"으로 향했다.[10] 그렇다면 당시 조운선의 뱃길을 따라 북상했을 것이고, 남쪽에서 올라와 고대도 근처를 반드시 지나갈 수밖에 없다.

　고대도(古代島)에는 참(站)또는 선참(船站)이 설치되어, 세선(稅船)의 점검소(點檢所) 역할을 이미 하고 있었다.[11] 그 증거로 조선 시대 지방 관아의 등록류 문서들을 편찬한 사료집인 『각사등록(各司謄錄)』에 보면, 다음과 같이 고대도(古代島)에는 참(站) 또는 선참(船站)이 설치되어 이미 세선(稅船)의 점검소(點檢所) 역할을 하고 있었다는 기록이 있다.

　우선 『각사등록』, 충청병영계록(忠淸兵營啓錄), 순조 23년(1823)의 기록에 보면, "홍주(洪州) 지역 고대도(古代島)의 참(站)"을 언급하

10　H. Lindsay, *Report*, 1834, 224.

11　고동환, 『한국전근대교통사』(들녘: 서울, 2015), 184을 참고하라. 조운선단의 항로에 고대도가 언급되고 있다.

고 있다.

"홍주(洪州) 지역 고대도(古代島) 참(站)으로 점차 향하여 갔습니다. 감결의 내용을 경역관(京譯官)에게 전해 보인 뒤 순영의 감죄(勘罪)에 급히 나아가라고 또한 신칙하였습니다. 우후는 '당일 진(鎭)으로 되돌아가겠습니다'라고 하였습니다."[12]

이 기록은 순조대왕 시대에 이미 고대도에 참이 있었음을 알 수 있게 해 준다. 그리고 비록 순조대왕 이후의 기록이긴 하지만, 고대도에 있는 참(站)은 당연히 선참(船站)임을 알 수 있게 해 주는 기록이 『각사등록』 철종(哲宗) 12년(1861), 5월 초 7일, 충청도 수영(忠淸道水營)에 남아 있다.

"바다에 도착하니 바람도 자고 밤이 깊어 선참(船站)이 있는 고대도(古代島)에 이를 수가 없었으므로 그곳에 닻을 내렸습니다."[13]

이 선참은 동시에 세선의 점검소(點檢所)였다. 『각사등록』 충청수영계록, 고종(高宗) 2년(1865) 4월 27일자 충청도 수영(忠淸道水營)에 보면,

"전백산(全白山)이 고하기를, '세선(稅船) 10여 척이 연도(烟島)

---

12 『각사등록』, 충청병영계록, 순조(純祖) 23년(1823), 9월 17일, 충청도 병영(忠淸道兵營), http://db.itkc.or.kr
13 『각사등록』, 충청수영계록, 철종(哲宗) 12년(1861), 5월 초7일, 충청도 수영(忠淸道水營), http://db.itkc.or.kr

사이에 형적을 드러내었습니다.'라고 하였으므로, 별장이 점검소(點檢所)인 고대도(古代島)로 즉시 달려가 호송하는 일을 엄칙(嚴飭)하며 대기하였습니다."[14]

그러므로 이상의 사료를 볼 때 조선시대에는 고대도에 선참과 동시에 세선의 점검소가 있었다.

3) "고대도 안항" 정박 여부

조선 사료들은 녹도를 거치고 불모도(동소도)를 거친 로드 애머스트호는 "고대도 안항"에 정박했다는 다수의 기록을 남기고 있다.

『순조실록(純祖實錄)』에 보면, 공충감사(公忠監司) 홍희근(洪羲瑾)이 "7월 22일(음력 6월 25일) 홍주(洪州)의 고대도(古代島) 뒷바다(古代島後洋)에 와서 정박하였다"라고 장계를 올렸다. 또한 자문에는 "본년 6월 26일(양력 7월 23일) 유시(酉時)(오후 5~7시)경에 이양선(異樣船) 한 척이 본주(本州) 고대도(古代島)의 안항(安港)에 정박하였다"고 한다.[15]

그렇다면 고대도 후양(古代島後洋)은 어디인가? 사실 당시 조선에서는 고유한 해양지명을 정확히 부여하지는 않았다. 단순히 가까운 바다는 전양(前洋), 먼 바다는 외양(外洋)으로 표현했지 고유 명칭으로 부르지 않았다.[16] 그래서 고대도 후양은 정확히 어떤 위치를

---

14 『각사등록』, 충청수영계록, 고종(高宗) 2년(1865), 4월 27일(음력), 충청도 수영(忠清道水營), http://db.itkc.or.kr

15 『조선왕조실록』, 순조 32년(1832) 7월 21일(음력).

16 임영태 · 김동수 · 최윤수, 「해양 지명의 표준화와 해양지명의 제정 및 활용을 위한 기

지칭하는 것인지는 이 사료를 통해서는 정확히 알 길이 없지만, 다음의 사료는 고대도에 배를 정박했다는 사실을 분명히 한다.

김경선의 『연원직지』, "영길리국표선기"에도 고대도 전항(前港)[17]에 끌어와 정박(引泊)했다는 기록이 남아 있다. 김경선은 1832년에 청나라에 동지사겸 사은사로 다녀온 인물로 로드 애머스트호에 대한 청나라 보고를 염두에 두어 자세한 기록을 남기고 있다. 이 기록에는 임진년(1832년) 7월에 영국 배가 홍주(洪州) 불모도(不毛島) 뒷바다에 표류해 오자, 고대도(古代島) 앞 항구(前港)에 끌어다 정박시켰고, 이를 두고 공충감사(公忠監司) 홍희근은 그의 장계(狀啓)에서 "그 배를 경솔하게 먼저 고대도로 끌어다가 정박시킨 것도 경솔한 짓에 가깝다"라는 말을 인용하고 있다. 이 문건에는 조선에서의 항로에 관한 귀츨라프 일행의 중요한 진술이 담겨 있는데, 즉 고대도에 도착하기 전에 장산, 녹도, 동소도를 지나 왔다고 필담으로 진술했다.[18]

로드 애머스트호의 고대도 정박지를 김경선의 "영길리국표선기"에는 고대도 앞 항구(古代島前港)라 했고 『순조실록』에는 고대도(古代島) 뒷바다(古代島後洋)라 했다. 이는 상호 모순되는 표현처럼 보이지만, 두 사료는 다 고대도 정박을 강화하는 사료이며, 특히 김경선은 고대도의 항구 정박을 분명히 했다. 이는 고대도가 정박지였다는 사실과 아울러 이 일도 경솔한 일이라는데, 원산도 같은 제3의

초연구」, 『한국지적학회 학술대회 논문집』, 한국지적학회, 2004, 123.

17 김경선, 『연원직지』, 제1권, 출강록, "영길리국표선기", 순조 32년 11월 25일(음력).

18 김경선의 『연원직지』, 제1권, 출강록, 임진년(1832, 순조 32) 11월 25일. 동소도(東小島)는 동쪽의 작은 섬이란 뜻으로 실재로 불모도(不毛島)를 뜻한다. "東小島卽不毛島"(『일성록』, 순조 32년 7월 14일, 음력).

장소로 로드 애머스트호를 또 옮긴다는 것은 당시 정황상으로도 가
능하지 않다.

『일성록(日省錄)』[19]에도 영국배가 고대도에 표도(漂到), 소박(所
泊), 도박(到泊), 유박(留泊), 인박(引泊) 등의 서로 다른 다양한 표현을
쓰며 귀츨라프가 승선한 로드 애머스트호가 고대도에 정박한 사실
을 17번이나 기록으로 남기고 있다.

- 순조 32년 7월 6일: …故卽爲相着則是英吉利國船也引泊
  于古代島後仍爲問情而彼人欲答則答不欲答…
- 순조 32년 7월 8일: …牧使 李敏會竝罷黜馳啓 狀啓以爲
  水軍虞候 金瑩綬 洪州牧吏 李敏會聯報內古代島漂人引泊
  後彼人處…
- 순조 32년 7월 9일: … 備局啓言卽見公忠監司 洪義瑾狀
  啓則枚擧水虞候 金瑩綬 洪州牧使 李敏會牒呈以爲洪州古
  代島引泊…
- 순조 32년 7월 11일: 狀啓以爲洪州古代島安港引泊英吉利
  國船問情水軍虞候 金瑩綬 洪州牧使 李敏會聯報內…
- 순조 32년 7월 12일: 公忠監司 洪義瑾以洪州古代島漂船
  更爲問情馳啓狀啓以爲水軍虞候 金瑩綬 洪州牧使 李敏會
  聯報內…
- 순조 32년 7월 14일: 公忠兵使 鄭煥宗以英吉利國船問情

---

19 『일성록』은 1760년(영조 36) 1월부터 1910년(융희 4) 8월까지 151년간의 국정에 관
한 제반 사항들이 기록되어 있는 일기로, 이 책은 1783년(정조 7)부터 국왕의 개인
일기에서 규장각 관원들이 시정(施政)에 관한 내용을 작성한 후에 왕의 재가를 받
은 공식적인 국정 일기로 전환되었다. 규장각한국학연구원, http://kyujanggak.snu.
ac.kr/

馳啓 狀啓以爲洪州**古代島安港引泊**英吉利國船問情辭緣

多有闊略禮物…

- 순조 32년 7월 16일: 公忠監司 洪義瑾以英吉利國船問情

官 瑞山郡守 李守益差定馳啓 狀啓以爲洪州**古代島引泊**英

吉利國船…

- 순조 32년 7월 18일: …瑩綏罷黜拿處監司 洪義瑾重推 備

局啓言即見公忠監司 洪義瑾狀啓則以爲**古代島引泊**英吉

利國人私書…

- 순조 32년 7월 18일: 公忠監司 洪義瑾以**古代島引泊**英吉

利國船問情馳啓 狀啓以爲洪州**古代島引泊**英吉利國船問

情辭緣及擧行…

- 순조 32년 7월 20일: 公忠監司 洪義瑾以**古代島引泊**英吉

利國船京譯官更爲問情馳啓 狀啓以爲洪州**古代島引泊**英

吉利國船京譯…

- 순조 32년 7월 21일: 公忠監司 洪義瑾以**古代島引泊**英吉

利國船問情馳啓 狀啓以爲洪州古代島引泊英吉利國船問

情京譯官手本…

- 순조 32년 7월 21일: 命英吉利國人奏文禮物封置本州官

庫 備局啓言即見公忠道 洪州地**古代島漂到**異國船問情譯

官 吳繼淳…

- 순조 32년 8월 7일: 水虞候甘結有異樣船來泊于不毛島云

故乘船馳往二十八日纔到**古代島**則異樣船先已**到泊**矣今

此引泊云實是未…

- 순조 32년 8월 11일: 洪州**古代島所泊**異國船問情記中有

歷過長山等處臣始起疑於助…

- 순조 32년 8월 13일: 統制使柳和源以**古代島**異國船發行 後瞭望申飭馳啓狀啓以爲公忠道 **古代島留泊**異樣船一隻 京譯官追問…
- 순조 32년 8월 23일: 命時囚李守益分揀放送 義禁府啓言 洪州兼任瑞山郡守 李守益原情以爲洪州**古代島所泊**異國 人從船之犯…
- 순조 32년 11월 30일: 咕唎國商船一隻**駛入**該國**古代島洋 面**…

『비변사등록(備邊司謄錄)』[20] 순조 32년 1832년 7월 8일(음)에는 고대도에 끌어와 정박시킨 배의 사람들과 말로 소통이 되지 않자 글로 문정하였다고 기록되어 있다.[21]

- 『비변사등록』, 순조 32년 1832년 7월 8일(음력)에는 "고대 도에 끌어와 정박시킨 배의 사람들은 말로 소통이 되지 않 자 글로 문정하였다(**古代島引泊**漂人, 言語難通, 以書問情)"라 고 기록되어 있다.
- 『비변사등록』, 순조 32년 1832년 7월18일(음력)에도 고대 도에 배를 정박한 기록인 "洪州地**古代島引泊**英吉利國人 私書"이 있다.

---

20 『비변사등록』은 조선 중·후기 국방과 재정 문제를 중심으로 국정 전반을 논의하던 합좌기구(合坐機構) 비변사의 회의 내용과 관련 기록을 모은 등록이다. 『비변사등 록』, 규장각한국학연구원, http://kyujanggak.snu.ac.kr/
21 『비변사등록』에는 영국배가 고대도에 인박(引泊)한 것(『비변사등록』, 순조 32년 1832년 7월 18일, 음력)과 이국선이 표도(漂到)한 것을 기록하고 있다(『비변사등 록』, 순조 32년 1832년 7월 21일, 음력).

- 『비변사등록』, 순조 32년 1832년 7월21일(음력) 고대도에
  도착한 기록인 "公忠道洪州地古代島漂到異國船問情譯官
  吳繼淳前後手本"이 있다. 특히 조정에서 보낸 문정을 위한
  역관 오계순의 이름이 여기에도 언급되어 있다.

　　귀츨라프와 상무관 린지의 글에도 문정 내용이 나와 있으며,
김경선의 글에도 대화체로 일일이 필담을 나눈 기록이 남아 있다.
　　『승정원일기(承政院日記)』[22]에도 배를 홍주 고대도로 끌어와 정
박시킨 것과 고대도에 도착한 것을 기록하고 있다.

- 『승정원일기』(탈초본 115책) 순조 32년 7월 9일 계축 26/33
  기사 1832년 道光(清/宣宗) 12년 "洪州地古代島引泊漂人,
  言語難通, 以書問情"
- 『승정원일기』(탈초본 115책) 순조 32년 7월 18일 임술 14/23
  기사 1832년 道光(清/宣宗) 12년에 "洪州地古代島引泊英
  吉利國人私書"
- 『승정원일기』(탈초본 115책) 순조 32년 7월 21일 을축 15/18
  기사 1832년 道光(清/宣宗) 12년에는 "即見公忠道洪州地
  古代島漂到異國船問情譯官吳繼淳前後手本"이 있다.

　　이규경(李圭景, 1788-1863)이 1800년대 초에 저술한 조선 최초
의 백과사전 격인 『오주연문장전산고(五洲衍文長箋散稿)』, 경사편(經
史篇), 논사류(論史類), 논사(論史), 서양통중국변증론(西洋通中國辨證

22　『승정원일기(承政院日記)』는 조선시대에 왕명(王命)의 출납(出納)을 관장하던 승
　　정원에서 매일매일 취급한 문서(文書)와 사건을 기록한 일기이다.

說)[23]에도 "순조 32년(1832)에도 외양선(外洋船)이 표류되어 호서(湖西) 홍주(洪州) 고대도(古代島)에 정박했는데, 스스로 대영국(大英國)의 배라 칭하였다"고 기록하고 있다.

고대로부터 외국과의 통교(通交)에 관한 사적 및 의절(儀節) 등의 사실을 수록한 책인 『통문관지(通文舘志)』[24]에도 이국선 한 척이 고대도에 들어와 정박했다는 기록이 남아 있다.

"異國船一隻來泊於公忠道洪州牧古代島稱以咭唎國人要以
西洋布千里鏡等貨和買本國所產物件"[25]

심지어 청나라 실록인 『선종성황제실록(宣宗成皇帝實錄)』에도 영국상선이 사입(駛入)했다고 기록하여 영국상선이 고대도 앞 바다에 들어 왔음을 기록하고 있다.

"壬寅. 諭內閣. 據禮部奏, 朝鮮國領時憲書齎咨官, 齎到該國
王咨文一件. 查係嘆咭唎商船欲向該國交易. 該國王恪遵法
度. 正言拒絶. 朝鮮國臣服本朝. 素稱恭順. 茲以嘆咭唎商船**駛
入古代島洋面**. 欲在該國地面交易. 經該國地方官告以藩臣無
外交之義. 往復開導. 相持旬餘. 嘆咭唎商船始行開去. 該國王
謹守藩封. 深明大義. 據經奉法. 終始不移. 誠款可嘉. 宜加優

---

23 『오주연문장전산고』. 조선 후기의 학자인 오주(五洲) 이규경(李圭景, 1788-1863)이
    1800년대 초에 저술한 우리나라 전통 백과사전이다. http://db.itkc.or.kr

24 『통문관지(通文舘志)』는 조선(朝鮮) 숙종(肅宗) 때, 김지남(金指南)이 지었으며, 정
    조(正祖) 때에 나라에서 간행(刊行)하고, 고종(高宗) 18년(1881)에 다시 중간(重
    刊)하였다.

25 『통문관지』, 卷11, 기년속편(紀年續編), 순종(純宗) 32년, 31쪽.

資. 著賞賜該國王蟒緞二匹. 閃緞二匹. 錦緞二匹. 素緞四匹.
壽字緞二十匹. 用示嘉獎. 即交該國齎咨官帶往"[26]

위에 언급된 『선종성황제실록』에 고대도의 존재가 조선이 보
낸 자문에 근거하여 사건을 파악했을 뿐 아니라, 청나라 황제가 이
일로 말미암아 하사품을 내린 항목을 기록하고 있다. 이 사실을 기
록한 조선의 기록인 『통문관지(通文舘志)』, 卷11, 기년속편(紀年續編),
순종(純宗) 32년 임진(壬辰) 31쪽에 보면, 조선의 조정이 자문을 통하
여 낱낱이 보고한 일에 대해 청의 황제로부터 '법도(法度)를 잘 지켰
고 대의(大義)를 길이 밝혔다고 칭찬을 받고 물품을 하사 받았다(賞
賜)고 한다.[27] 하사품은 망단(蟒緞, 용무늬를 넣어 짠 비단) 두 필, 섬단(閃
緞, 빛깔이 서로 다른 날실과 씨실을 써서 짠, 번쩍이는 빛이 나는 비단) 두 필, 비
단(錦緞) 두 필, 소단(素緞) 네 필, 수자단(壽字緞) 스물네 필을 하사했
다고 상세히 기록하고 있다.

상기 언급된 모든 조선과 중국 사료에서도 보듯이 녹도를 떠난
뒤 불모도(동소도)를 거쳐 정박한 곳은 고대도이며, 이곳에서 장기간
정박하여 체류하다 남하하였다. 모든 기록이 고대도만 기록하고 로
드 애머스트호의 원산도 정박은 언급하지 않았다. 즉, "원산도 개갱

---

26 『선종성황제실록』, 卷之二百二十二 道光十二年 閏九月 二十九日, 1번째 기사,
    1832년, https://ctext.org/wiki.pl?if=gb&chapter=586926

27 "禮部咨奉上諭咭唎國商船欲向該國交易該國王恪遵法度正言拒絶深明大義誠
    款可嘉宜加優賚着賞賜"(『통문관지』, 卷11, 기년속편(紀年續編), 순종(純宗) 임
    진(壬辰) 32년, 31쪽), http://yoksa.aks.ac.kr/jsp/aa/VolView.jsp?aa10no=kh2_
    je_a_vsu_22045_002&aa15no=002&aa20no=22045_002_0113&keywor
    ds=%20E8%B3%9E%E8%B3%9C%20%E6%B3%95%E5%BA%A6%20
    %E5%A4%A7%E7%BE%A9%20and

정박설"은 적어도 조선 측 문헌의 사료적 증거로 뒷받침할 수 없다.

4) '고대도 안항' 정박 기간

고대도의 정박기간과 관련해서 『일성록』순조 32년 8월 7일의 기록에는 공충수우후(公忠水虞候) 김형수(金瑩綬)의 대응이 나오고 있는데, 김형수가 원산도에 머물고 있었던 때, 7월 22일(음력 6월 25일) 녹도(鹿島)에 있는 별장(別將)의 치보(馳報: 지방에서 급히 중앙에 보고하던 일)에 이양선 한 척이 불모도 외양(不毛島外洋)에 정박 중이라는 보고를 받았다. 그래서 그는 배를 타고 바다로 나갔지만, 큰 비바람이 일어나(風雨大作) 고대도에 표류하여 도착했다. 곧 풍우 때문에 비바람에 길이 막혀 이틀간 (원산도에) 머물러 있다가 비로소 28일에 노를 저어 전진하여 저들의 배(이양선)가 정박한 곳으로 갔다고 한다. 해당 일성록 본문의 "乃"를 "人乃天"처럼 "곧" 또는 "바꾸어 말하자면"으로 해석할 때, "乃" 이후 내용은 고대도 표도사실을 설명하는 내용임으로 김형수의 고대도 도착은 7월 25일(음력 6월 28일)이 된다. 그리고 일각의 주장처럼 원산도에서 배를 타고 이양선 조사를 위해 고대도에 온 김형수가 비바람 때문에 고대도에서 이틀을 머문 후에 이양선을 쫓아 자기가 나온 소위 원산도 소재 Gan-keang으로 다시 갔다는 것은 비논리적이다. 7월 25일(6월 28일 음력)에 김형수의 배가 이양선이 정박한 곳으로 노저어 다가갔을 때 그 배는 돛을 올리고 내양(內洋)을 향하여 닻을 내린 상태로 있었다 한다.[28] 이 기록은 7월

---

28 "金瑩綬則渠時當風和留防於元山島六月二十五日鹿島別將馳報內異樣船一隻漂到於不毛島外洋云故渠乘船出海則風雨大作漂到**古代島乃**爲風雨所阻兩日留滯

25일(음력 6월 28일)에는 이미 고대도에 로드 애머스트호가 도착해 있었음을 말하고 있다.

같은 날 『일성록』의 앞선 기록에는 홍주목사 이민회가 7월 23일 밤(음력 6월 26일) 밤에 받아 읽은 수군우후 김형수의 감결(甘結, 조선시대 상급 관아에서 하급 관아로 보내는 공문의 하나)이 언급되어 있는데, 이양선이 불모도에 와서 정박하고 있다는 소식을 전해 듣고, 배를 타고 7월 25일(음력 6월 28일)에 고대도에 겨우 도착했지만, 이양선은 고대도에 이미 배를 정박하고 있었다고 한다.[29] 위의 두 기록은 로드 애머스트호가 적어도 7월 23일(음력 6월 26일)에는 불모도에 도착해 있었고, 7월 25일(음력 6월 28일)에는 이미 고대도에 정박해 있었음을 알 수 있게 해준다.

또 다른 문정관인 역관 오계순(吳繼淳)의 고대도 정박 기간을 보고할 때, "문정역관(오계순)이 8월 4일(음력 7월 9일) 한양에서 출발하여, 8월 8일(음력 7월 13일) 오후 5시경에 "고대도 표류인(古代島漂人)"의 선박이 있는 곳에 겨우 도착하여, 8월 9일(음력 7월 14일) 수군우후, 홍주 목사와 함께 필담으로 문정하였다"고 한다.[30] 이 또한 로드 애머스트호가 적어도 8월 9일(음력 7월 14일)까지는 고대도에 머물러

二十八日搖櫓前進彼船所泊處則彼船擧帆向內洋下碇故渠乘船隨泊"(『일성록』, 순조 32년 8월 7일, 음력).

29 "帥請議處又啓言洪州牧使李敏會公忠水虞候金瀅綬等原情以爲李敏會則渠於六月二十六日夜得見水虞候甘結有異樣船來泊于不毛島云故乘船馳往二十八日纔到**古代島**則異樣船先已到泊矣今此引泊云實是未曉而滯留九日與問情官水虞候金瀅綬眼同問情而及聞道啓論罷之報仍爲還邑矣旋聞戴罪擧行之命渠又與京譯官吳繼淳偕到島中至"(『일성록』, 순조 32년 8월 7일, 음력).

30 "問情譯官手本卑職於本月初九日下直離發十三日酉時僅到**古代島**漂人所住船近處而十四日與水虞候地方官以書問情"(『일성록』, 순조 32년 7월 18일, 음력).

고대도 전경 **오현기 촬영**

있었음을 증명하고 있다.

또 다른 기록에는 오계순이 "섬"(고대도)에 도착하여 영국배가
출발하여 돌아갈 때 8월 12일(7월 17일 음력)까지 처음부터 끝까지 문
정을 거행했다고 한다.[31]

이와 비교할 수 있는 고대도 도착에 대한 서양 사료는 귀츨라

---

31 홍주목사 이민회가 수우후 김형수를 증인으로 참여시켜(眼同) 문정하였다. 그리고
조정에서 온 역관 오계순이 도착한 "섬"은 앞선 문장을 참고 할때 고대도를 지칭한
다. 오계순도 영국배가 돌아간 7월 17일(음력)까지 문정에 참여했다.
李敏會則渠於六月二十六日夜得見水虞候甘結有異樣船來泊于不毛島云故乘船馳
往 二十八日纔到古代島則異樣船先已到泊矣今此引泊云實是未曉而滯留九日與問
情官水虞候金瑩綬眼同問情而及聞道啓論罷之報仍爲還邑矣旋聞戴罪擧行之命渠
又與京譯官吳繼淳偕到島中至七月十七日彼船始爲發還則其間擧行自初至終(『일
성록』, 순조 32년 8월 7일, 음력).

프와 린지의 글인데, 7월 25일에 정오를 조금 지나 정박했던 불모도 앞바다를 떠나 Gan-keang(고대도 안항)에 당일 도착했음을 알리고 있다.[32] 실제로 귀츨라프 일행은 자신들의 정박지를 언급할 때, 녹도와 고대도 정박 사이에 동소도를 언급하고 있다. 일성록을 보면, "동소도가 곧 불모도이다(東小島卽不毛島)."[33]

일시		7월 22일 (음력 6.25)	7월 23일 (음력 6.26)	7월 24일 (음력 6.27)	7월 25일 (음력 6.28)	8월 8일 (음력 7.13)
순조신록		고대도 후양에 이양선 출현[34]	고대도 안항 정박: 7월 23일(음력 6.26) 유시(酉時, 오후 5~7시)[35]			
일성록	김형수 (수군 우후)	원산도에서 녹도 별장의 치보 받음 (내용: 불모도 외양선이 표도)	날씨: 風雨大作 = 風雨로 兩日 留滯함 김형수가 이양선 정박지에 도착한 날, 7월 25일(음력 6.28)을 기준으로 역산하면 風雨大作 시기와 풍우로 인한 "兩日留滯"의 시기는 7월 23~24일임. 즉 김형수가 비로소 항해할 수 있었던 날은 7월 25일이며, 이날 정박지에 도착.		김형수가 이양선 정박지에 도착[36]	

---

32 C. Gutzlaff, *Journal*, 1834, 330; H. Lindsay, *Report*, 224.

33 『일성록』, 순조 32년 7월 14일(음력).

34 『조선왕조실록』, 순조 32년(1832년) 7월 21일(음력).

35 『조선왕조실록』, 순조 32년(1832년) 7월 21일(음력).

36 『일성록』, 순조 32년 8월 7일(음력).

일시		7월 22일 (음력 6.25)	7월 23일 (음력 6.26)	7월 24일 (음력 6.27)	7월 25일 (음력 6.28)	8월 8일 (음력 7.13)
일성록	이민회 (홍주 목사)		23일 밤 이 민회가 김형 수로부터 감 결을 받음(내 용: 이양선 불 모도 정박)[37]	김형수의 보 고를 참고할 때 날씨가 좋 지 않음	이민회가 겨 우 고대도 도 착(纔到古代 島). 이양선은 이미 고대도 도착[38]	
	오계순 (역관)					8월 4일(음력 7. 9) 한양에서 출 발. 8월 8일(음 력 7.13) 오후 5 시경에 고대도 도착[39]
귀츨라프				일기가 나쁨	구름이 걷힘. 순풍과 잔잔 한 파도. Gan-keang 도착	
린지			비와 안개가 심함	날씨가 흐리 고 불순함	날씨가 갬. 정 오를 지나 출 발 오후 Gan- keang 도착	

위와 같이 표로 만들어 정리해 볼때, 로드 애머스트호의 고대
도 안항도착은 7월 25일이 가장 유력하다. 7월 23일과 24일은 날씨
가 좋지 못해, 항해가 불가능했으며, 25일 오전에야 겨우 항해 할 수
있게 되었다는 사실이 조선과 서양사료에서 일치한다. 김형수와 이

37　『일성록』, 순조 32년 8월 7일(음력).

38　『일성록』, 순조 32년 8월 7일(음력).

39　『일성록』, 순조 32년 7월 18일(음력).

민회도 로드 애머스트호처럼 날씨가 갠 7월 25일 오전에 배를 비로소 출발할 수 있었을 것이고, 이민회의 도착지가 고대도이며, 이양선이 이미 도착한 것으로 봐서, 7월 25일 김형수가 도착하여 정박한 이양선을 보았다는 곳도 고대도이다. 오계순이 늦게 도착했지만, 고대도에 도착했으며, 귀츨라프와 린지의 기록의 Gan-keang도 7월 25일에 도착했다. 이 모든 기록이 가리키는 장소는 고대도이다.

귀츨라프는 7월 24일 조선 고관이 보낸 등노(Teng-no)[40]을 포함한 사람들이 큰 배를 타고 그들이 정박해 있는 곳을 방문했다고 기록하고 있다. 그때 등노는 애머스트호를 보다 안전한 곳으로 옮길 것을 제안했다.[41] 그때야 비로소 자신들이 과거 정박했던 섬이 녹도임을 알게 되었다.[42] 귀츨라프 일행은 그 제안을 받아들여, 7월 25일(음력 6월 28일) 그들이 머문 임시 정박지(불모도)로부터 조선인들이 제안한 "안전한 항구"로 출발해서 녹도로부터 7마일 거리에 놓여 있는 섬들을 잇달아 통과했다. 그리고 깊은 만 혹은 많은 섬들 사이의 통로를 향하여 북동쪽(N.E.)으로 운행했다.

마침내 당일 도착한 "Gan-keang"이라고 불리는 곳은 조선인들로부터 "a safe anchorage"[43], 또는 "ein sicherer Ankerplatz"[44]로 소개받은 곳이다. 즉 "안전한 항구", 안항(安港)이다. 귀츨라프도 린지도 7월 25일 위험한 정박지(불모도)를 출발해 당일에 소개받은 목

---

40 Teng-no는 모리슨의 『중국어-영어 사전(Macao: 1819)』을 참조할 때 발음이 등노일 가능성이 높다.

41 K. Gützlaff, *Aufenthalt*, 1835, 249.

42 H. Lindsay, *Report*, 1834, 224.

43 C. Gutzlaff, *Journal*, 1834, 329.

44 K. Gützlaff, *Aufenthalt*, 1835, 249.

적지에 도착했다고 기록했다.[45] 이 목적지는 "Gan-keang"으로서 귀츨라프의 영문 『항해기(1834)』에 총 네 번 언급된 정박지 이름이다.[46] 로드 애머스트호의 항해책임자 린지도 그의 책에서 한 차례 "Gan-keang"을 언급했다.[47]

7월 25일(음력 6월 28일)에 고대도에 도착했다는 것과 시기가 다른 자료도 존재한다. 고대도 뒷바다에 나타난 것이 7월 22일(음력 6월 25일), 고대도 정박을 7월 23일(음력 6월 26일) 유시(酉時, 오후 5~7시)라는 기록이 그것이다.[48] 그러나 서양 사료와 다른 조선 사료를 종합할 때 7월 25일이 더 타당하다.

로드 애머스트호의 여정에 관해 사료들 사이에 다소간의 차이가 있지만, 공통된 부분부터 종합하여 추측해 보면, 그들은 제일 먼저 외연도(Hutton 섬) 근처에 도착(7월 21일)했고, 녹도 정박(7월 21~23일)을 거쳐 불모도(7월 23~25일 정오)에 머물러 있었고, 그리고 현지 조선인들의 권유에 따라 고대도(7월 25일 오후)에 도착하였다. 등노를 태운 배가 7월 24일에 왔다면, 귀츨라프 일행이 불모도에 정박했을 때가 맞을 것이다. 외연도, 녹도, 불모도의 순서로 애머스트호가 자의로 탐사했다. 불모도에서 고대도까지는 조선 항해사들이 탑승하여 — 비록 고대도까지 뱃길을 아는 사람은 한 명뿐이었지만 —

---

45   C. Gutzlaff, *Journal*, 330; H. Lindsay, *Report*, 1834, 224.

46   C. Gutzlaff, *Journal*, 1834, 329; 330; 354; 355. 참고로 H. Lindsay, *Report*, 1834, 294. 이 책의 후반부에는 귀츨라프가 쓴 항해 보고서가 있는데 여기에도 "Gan-keang"이 언급되어 있다.

47   H. Lindsay, *Report*, 1834, 252.

48   『조선왕조실록』, 순조 32년(1832년), 7월 21일(음력).

"Gan-keang"으로 바닷길을 이끌었다.[49]

"원산도 개갱 정박설"을 주장하는 사람들은 7월 24일(음력 6월 27일)에 고대도에 도착하여, 바로 다음 날 "Gan-keang"인 "원산도 개갱"으로 이동했다고 주장한다.[50] 그들은 소위 원산도 개갱정박의 주요요지는 'Gan-keang 지명은 원산도에 실존하는 개갱 지명과 일치한다'라는 기본 전제를 가지고 출발한다.[51] 그 이유는 "Gan-keang의 영문 지명 첫 발음 'Ga'와 두 번째 발음 'ke'도 개갱의 지명과 부합하였다"고 주장하며, 이를 원산도 개갱의 지명과 연결시켰기 때문이다.[52] 또한 같은 관점에서 고대도 정박을 부정적으로 보며, "실제적으로 고대도 안에 Gan-keang이라는 지명이 존재하거나, 유사한 지명이 있거나, 묘사된 지형적 입지 조건 등 어느 한 부분이라도 유사성이 있어야 하는데(…) 당위성을 객관적으로 인정하기 어려웠다"라고 주장한다. 즉 고대도에는 "Gan-keang"이라는 지

---

49   C. Gutzlaff, *Journal*, 330.

50   신호철은 주장하길, "7월 24일에 고대도의 모란여와 선바위 사이에 있는 목안에 도착했고 이곳에서 수군우후가 파견한 등노(Teng no)와 귀츨라프 일행의 첫 면담 장소가 되었다고 추정했으며, 7월 25일에는 고대도(목안)에서 항해하여 원산도(개갱과 점촌 사이의 만) 개갱 앞바다에 정박하였다"라고 주장한다. 신호철, "귀츨라프의 7월 25일 고대도와 원산도 정박론 비교", http://www.yanghwajin.co.kr/zboard/view.php?id=forum&page=1&sn1=&divpage=1&sn=off&ss=on&sc=on&select_arrange=headnum&desc=asc&no=549
신호철, "귀츨라프의 1832년 7월 원산도 정박에 관한 연구", http://www.yanghwajin.co.kr/zboard/view.php?id=forum&page=34&sn1=&divpage=1&sn=off&ss=on&sc=on&select_arrange=headnum&desc=desc&no=551.

51   신호철, 『귀츨라프행전』, 343.

52   신호철, "귀츨라프의 1832년 7월 원산도 정박에 관한 연구", http://www.yanghwajin.co.kr/zboard/view.php?id=forum&page=34&sn1=&divpage=1&sn=off&ss=on&sc=on&select_arrange=headnum&desc=desc&no=551.

명이 없다는 것을 근거로 내세웠다.[53] 그러나 이러한 단순 논리라면, "Gan-keang"이라는 표기가 원천적으로 원산도 개갱을 지칭하는 발음이 아닐 경우, 그간 일각에서 주장한 "원산도 개갱설"은 너무나도 쉽게 그 설득력을 상실하게 될 것이다.

귀츨라프와 린지의 기록에는 로드 애머스트호는 충청 해안에서 제주도 연안으로 퇴거하기까지 "Gan-keang"에 정박한 이후 이곳을 한 번도 떠난 적이 없다. 귀츨라프와 린지의 기록에도 '외연도, 녹도를 거쳐 "Gan-keang"에 도착했다'라고만 기록하지, 로드 애머스트호가 "Gan-keang"을 지나 직접 내륙이 있는 동쪽으로 더 진행한 문헌상의 기록은 존재하지 않는다. 그렇다면 적어도 "Gan-keang"이 충청 연안의 탐사에서 마지막 정박 항구였다는 것은 확실하다.

로드 애머스트호의 선원들이 인근 도서를 탐사를 할 때에는 모선인 로드 애머스트호는 원래의 항구 "Gan-keang"에 정박해 두고 급수선인 "긴 보트(long-boat)"를 사용하여 탐사했다.[54] 8월 7일(음력 7월 12일) 천수만과 내륙 창리까지 방문하여 전도 책자를 전달할 때에도 귀츨라프 일행은 이 급수선 위에서 잠을 자고 새벽 6시경 모선으로 복귀하기도 했다.[55] "Gan-keang"까지 조선의 항해사들에 의해 이끌려 와서 정박했다면, 또한 쉽사리 자의로 모선을 다른 항구로 옮기는 것은 안전상의 문제로 불가능할 뿐 아니라, 조선의 관리들이 허락하지도 않았을 것이다. 그래서 급수선을 타고 주변 지역을 탐

---

53   신호철, 『귀츨라프행전』, 127.

54   H. Lindsay, *Report*, 1834, 227.

55   H. Lindsay, *Report*, 1834, 244; 『조선왕조실록』, 순조 32년(1832) 7월 21일(음력).

고대도 선바위 일대 **오현기 촬영**

사한 것이다.

　그렇다면 귀츨라프의 항해기에 원산도에 대한 기록은 있는가? 추정할 수 있는 기록은 1832년 8월 10일에 귀츨라프 일행이 Gan-keang 주위의 "가장 큰 섬들의 산들"에 대한 탐사기록 있다. 귀츨라프는 이 섬을 안면도와 구별하고 있다. 안면도는 귀츨라프에 의해 8월 7일 천수만의 입구를 기준으로 "서북쪽의 어느 섬" 또는 수로가 있는 곳으로 파악된 곳이다. 그러므로 8월 10일에 탐사한 섬은 8월 7일에 탐사한 섬인 안면도와는 분명 다른 섬이다. 그렇다면 "정박한 곳에서 가까운 가장 큰 섬"은 원산도밖에 없다. 또한 Gan-keang(고대도 안항)과 가까운 섬이라 했으니, 그러므로 Gan-keang이 원산도에 있을 수는 더 더욱 불가능하다. 이 섬에서 귀츨라프 일행은 "석벽으로 축조되어 있고 중간중간에 흙으로 채워져 있는 요새를 탐사했다"라고 했는데, 이 요새는 총기나 군사 장비가 없는 것으로 보아서 이는 봉수대일 가능성이 높다. 실제로 원산도에 있는 오봉산에는 봉수대(해발 117.9m)가 있었으며, 이 봉수대는 다듬은 돌로 석축되어, 주로 외양(外洋)을 감시하기 위해 운영된 권설봉수(權設烽燧)였다.[56]

로드 애머스트호가 "Gan-keang"을 떠나가기 하루 전에 8월 11일 자 귀츨라프의 항해기에도 "Gan-keang"에 관련된 "모든 관리와 평민 중 많은 사람이 이미 성경을 받았다"[57]라는 말을 근거할 때, 로드 애머스트호의 최장기 정박지이자, 본격적 선교지는 바로 충청해안의 마지막 정박지는 "Gan-keang"이다.

그렇다면 고대도를 떠나간 날짜는 언제인가? 여기에 대한 기록은 『순조실록』 순조 32년 7월 21일 기사에서 찾을 수 있다.

> "17일 유시(酉時)에 이르러 조수(潮水)가 물러가기 시작하자 저들이 일제히 떠들면서 우리 배와 매 놓은 밧줄을 잘라 버린 뒤에 닻을 올리고 돛을 달고 서남쪽을 향하여 곧장 가버려 황급히 쫓아갔으나 저들 배는 빠르고 우리 배는 느리어 추급(追及)하지 못하고 문서와 예물은 결국 돌려줄 수 없었다고 하였습

---

56 권설봉수란 필요에 의해서 지방 관방의 중심지에 임시로 설치하여 운영한 봉수대를 말하며, 충청수영에서 운영한 봉수이다. 녹도봉수에서 원산도 봉수까지는 23km, 원산도 봉수에서 수영 망해정 봉수까지는 8.7km였다. 황의호 외, 『충청수영』(보령: 보령문화원, 2018), 267; 272.

57 C. Gutzlaff, *Journal*, 1834, 355.

니다."[58]

이 기록을 볼 때 로드 애머스트호는 8월 12일(음력 7월 17일)에 고대도를 떠났으며, 이 기록은 린지의 기록과도 일치한다.[59] 또한, 출항 일자에 대한 귀츨라프의 "We left this place"라는 표현은 앞선 문장들 중에 "Gan Keang harbour"를 지칭하므로, 이곳이 로드 애머스트호의 충청 해안에서의 마지막 정박지가 분명하다.[60] 로드 애머스트호는 출항 후 서남쪽[61] 또는 남쪽[62]으로 향하여 8월 17일에 제주도 근처에 다다랐다.[63]

5) "고대도의 문정관"이란 표현의 의의

귀츨라프 일행이 고대도에 정박하여 보름 넘게 있으면서 조선의 조정에 통상을 청원했을 때, 귀츨라프 일행과 조선의 고관 사이에 여러 필담이 서로 오고 갔다. 이 책임을 맡아 문정하던 문정관을 "고대도의 문정관"이라 지칭한다.

"또 7월 12일에 모양이 이상한 작은 배 한 척이 서산(瑞山)의

---

58 『조선왕조실록』, 순조 32년(1832) 7월 21일(음력), 『일성록』 순조 32년 8월 7일(음력).

59 귀츨라프의 영문과 독문 항해기에는 기록이 불명확하지만, H. Lindsay, *Report*, 8월 12일자 기록에는 로드 애머스트호의 출항을 일을 명확히 하고 있다(H. Lindsay, *Report*, 1834, 257).

60 H. Lindsay, *Report*, 1834, 294. 이 책의 후반부에는 귀츨라프가 쓴 글이 있다.

61 『조선왕조실록』, 순조 32년(1832) 7월 21일(음력).

62 H. Lindsay, *Report*, 1834, 259.

63 H. Lindsay, *Report*, 1834, 259.

간월도(看月島) 앞바다로부터 태안(泰安)의 주사창리(舟師倉里) 앞 포구(浦口)에 와서 이 마을 백성들을 향하여 지껄이듯 말을 하면서 물가에 책자(冊子)를 던지고는 바로 배를 돌려 가버렸는데, 던진 책자는 도합 4권 중에서 2권은 갑(匣)까지 합하여 각각 7장이고 또 한 권은 갑까지 합하여 12장이었으며 또 한 권은 갑도 없이 겨우 4장뿐이었다 하기에, 고대도(古代島)의 문정관(問情官)이 이 일로 저들 배에 다시 물으니, 답하기를, '금월 12일 묘시(卯時)에 종선(從船)을 타고 북쪽으로 갔다가 바다 가운데에서 밤을 새우고 13일 미명(未明)에 돌아왔는데 같이 간 사람은 7인이고 책자 4권을 주었으나 받은 사람의 이름을 알지 못한다'고 하였습니다."[64]

이 기술에서 두 가지 사실을 알 수 있다. 하나는 "고대도 문정관"이라는 표현에서 로드 애머스트의 충청도의 도서 정박 사건은 고대도를 중심으로 일어난 사건임을 명확히 알 수 있고, 나머지 하나는 8월 7일(음력 7월 12일) 서산 간월도 앞바다로부터 태안의 주사창리 앞 포구를 방문 것에 대한 사실을 알고는 "고대도의 문정관"이 이 일로 인해 귀츨라프 일행에게 방문 사실에 대해 질문한 것으로 보아 적어도 8월 8일(음력 7월 13일)까지는 확실히 고대도에 머물러 있었다는 것이다.

그렇다면 고대도의 문정관은 누구인가? 순조 32년 7월 21일자 자문에 보면, "역학(譯學) 오계순(吳繼淳)을 차송하고 본 지방관 홍주목사 이민회와 수군우후 김형수로 하여금 배가 정박한 곳으로 달려

64　『조선왕조실록』, 순조 32년(1832) 7월 21일(음력).

가서 합동으로 문정(問情)하게 하였더니"라는 말에서 언급된 홍주 목사 이민회, 수군우후 김형수 그리고 역학 오계순이 "고대도 안항"에 정박한 로드 애머스트호를 합동으로 문정한 관리임을 알 수 있다. 그리고 문정관에는 공충수사(公忠水使) 또는 공충수군수절도사(公忠水軍節度使), 이재형(李載亨)도 포함되는데, 고대도 현장을 방문한 고관으로 이들 중에 가장 지위가 높은 사람이었다. 그는 수군우후 김형수(정4품)의 직속 상관이었다. 린지 책에 방문자로 처음 소개된 "kin"이라는 사람(귀츨라프는 "Kim"이라 표기)이 바로 이재형이다. 그는 자신을 소개하기를 3급 관리이며, 자신의 지위가 "tseang-kean"이라 하였는데,[65] 모리슨의 중국어-영어사전(마카오: 1819)[66]에 나오는 발음을 참고해 보면, "장군"이란 말임을 알 수 있다. 귀츨라프는 그가 "Tsee-che-to district"에 주둔하는 장군이라고 언

---

65 H. Lindsay, *Report*, 1834, 237.

66 Robert Morrison, *A dictionary of the Chinese language: in three parts, part the first containing Chinese and English, arranged according to the KEYS, part the second, Chinese and English arranged alphabetically and part the third English and Chinese*, Part II, Vol. 1. (Macao: East India Company Press, 1819), 881.

급하고 있다.[67] "Tsee-che-to district"는 발음상 일단 공충도나 충청도로 보이지 않는다. 또한 어떤 이는 제주도로 번역한 경우도 있는데, 이는 공충수사의 관할 지역이 아니다. 그러나 단어의 배열을 Tsee-to-che라고 순서를 재배열한다면, 공교롭게도 절도사라고도 읽을 수 있다. 그렇다면 "절도사(관할) 지역에 주둔하는 김이라 이름하는 장군"으로 번역이 가능하다. 실제로 그는 충청 수영에 보직된 수군절도사(水軍節度使, 정3품)였다. 그 보직의 임기는 통상 2년이었다.[68]

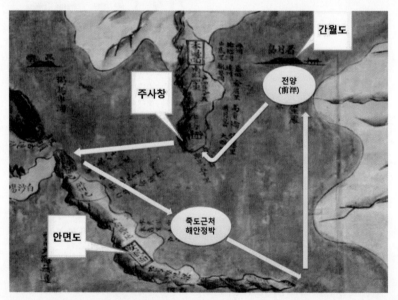

귀츨라프 일행의 안면도 탐사추정도[69]

---

67   C. Gutzlaff, *Journal*, 340, 7월 30일자 기록.

68   황의호 외, 『충청수영』, 260.

69   『1872년 지방지도』 충청도편, 〈서산군산천도〉. 모선으로부터 출발: 8월 7일, 8시 30분 출발(조선기록: 묘시(오전 5~7시); 모선으로 귀환: 8월 8일, 오전 6시. (H.

간월도(看月島)[70] 오현기 촬영

　순조신록과 일성록을 보면, 귀츨라프 일행이 간월도와 주사창 방문 이후에 그곳의 방문에 대한 고대도 문정관들이 한 질문, 즉 '언제 출항했는지'와 '어떤 종류의 배를 타고 갔는지', '어디로 갔는지' 등을 질의 하던 중에, '몇 날, 몇 시에 고대도로 돌아왔는지(何日時還到古代島)'를 함께 물었다.[71] 이 질문에서도 귀츨라프 일행이 주사창 방문 후 돌아온 곳이 고대도임을 알 수 있다. 이 탐사에 대해 귀츨라프 일행은 조선 측 기록에 보면, 8월 7일(음력 7월 12일) 묘시(卯時: 새벽 5시부터 아침 7시까지)에 출발하여, 다음 날인 8월 8일(음력 7월 13일) 미명에 돌아왔다. 종선(급수선)을 타고 간 일행은 총 7명이었다.[72] 이는

Lindsay, Report, 1834, 240, 244)

70　간월도는 서산 간척사업으로 1984년에 육지와 연결되었다.

71　『일성록』, 순조 32년 7월 18일(음력).

72　『조선왕조실록』, 순조 32년(1832) 7월 21일(음력);『일성록』, 순조 32년 7월 18일(음력).

린지의 기록, 즉 "이튿날 아침 6시에 모선으로 귀환했다"라는 기록과도 부합된다.

이 자료를 통해 귀츨라프 일행의 1박 2일 태안의 주사창리 방문은 적어도 8월 8일까지는 모선인 로드 애머스트호가 "고대도 안항"에 머물러 있었다는 합리적 판단을 내릴 수 있을 것이다. 그리고 모선은 고대도에 머물러 있고, 귀츨라프 일행이 서산 간월도 앞바다에서 태안 주사창을 향해 타고 온 배는 공충감사(公忠監司) 홍희근의 장계(狀啓)에 의하면, 이 배는 작은 배 한 척(小艇一隻)이며, 이양선의 종선(異樣從船)이었다.

항해 책임자 린지의 글도 이를 증거하고 있는데, 급수선인 긴 보트(long-boat)를 사용하여 탐사했다고 한다. 특히 천수만과 내륙 창리까지 방문하여 전도 책자를 전달할 때에도 귀츨라프를 포함한 일행 급수선 위에서 밤을 새우고 이튿날 모선으로 복귀할 정도로 이 종선은 지역 탐사에 유용하게 쓰였다.[73] 이러한 귀츨라프 일행의 탐사방법을 보았을 때, 굳이 지역의 탐사를 위해 모선을 다른 항구인 원산도 개갱으로 옮겨갈 이유가 없었다.[74]

로드 애머스트호 사건으로 소위 "고대도의 문정관들"에게 내려진 벌은 가혹했다. 로드 애머스트호가 떠난 후 비국(備局, 비변사)에서 청원하기를 "공충수사(公忠水使) 이재형(李載亨), 우후(虞候) 김형수(金瑩綬), 지방관 홍주목사(洪州牧使) 이민회(李敏會)가 문정할 때에 거행이 지연되고 처리가 전착(顚錯)된 죄"를 물어 "파직의 율로 시

---

73 H. Lindsay, *Report*, 1834, 244.
74 C. Gutzlaff, *Journal*, 1834, 351.

공충수사가 주둔했던 오천 수영성의 서문 **오현기 촬영**

행"할 것을 청하니, 순조 대왕이 모두 허락하였다. 그 결과 공충수사 이재형은 파직(罷職), 홍주목사 이민회, 수군우후 김형수는 파출(罷黜)되어 나처(拿處: 의금부로 압송)되었고, 공충감사(公忠監司) 홍희근(洪義瑾)은 중추(重推: 벼슬아치의 죄과를 무겁고 가벼움에 따라 엄중하게 캐물어서 밝힘)를 당하였다.[75] 공충수사 이재형은 1832년 2월에 부임했고 그가 로드 애머스트호 사건으로 파직된 다음 그의 후임은 이식(李栻)이라는 인물이었다.[76]

---

75 『조선왕조실록』, 순조 32년(1832) 7월 21일(음력).
76 황의호 외, 『충청수영』, 265. 이식(李栻)은 후에 경상좌도 병마절도사로 봉직했다. 『조선왕조실록』, 헌종 3년(1837), 1월 2일(음력).

6) 고대도 신당(神堂)의 존재 여부

일각에서 고대도에는 신당(또는 산당)이 하나 있는 것을 문제로 삼아 주장하길, 귀츨라프는 "올라가 본 산당"과 "바라본 산당"에 대해 기록하였는데 이는 2개의 산당이 있다는 뜻[77]이라고 주장하며, 그 예로 "귀츨라프 선교사는 7월 27일과 7월 30일, 섬을 걸어 다니다가 2개의 당집(Temple) 보았거나 방문하였다고 기록하였다"라고 주장하였다.[78] 그러므로 일각에서는 귀츨라프가 방문한 섬에는 당집이 두 곳이 존재해야 한다고 주장하며, 당집이 한 곳만 존재하는 고대도보다 여러 개의 당집이 존재했던 원산도가 더 타당성이 있다고 주장한다.[79]

그러나 이는 귀츨라프의 항해기를 읽어 보면, 이는 사실관계를 오인한 것이라는 것을 알 수 있다. 귀츨라프 일행은 7월 27일 그들은 전날 방문했던 고대도에 다시 상륙했다. 한 병사가 목을 베고 칼로 배를 가르는 시늉을 하는 등 험악한 상황이 연출되었지만, 병사는 자신이 외국인을 막지 못하면, 자기가 형벌을 받는다는 뜻을 알려주기 위함이었다. 귀츨라프와 그의 일행은 한 언덕 꼭대기에 있는 석조건축물(a stone building)을 보았고, 나중에 그곳이 신당(a

---

77   신호철, 귀츨라프의 고대도 활동에 관한 오현기 저서의 비평(자료 #7), http://www.
     yanghwajin.co.kr/forum/forum01.php

78   신호철, 귀츨라프 선교지 원산도에 관한 연구, http://www.yanghwajin.co.kr/zboard/
     view.php?id=forum&page=1&sn1=&divpage=1&sn=off&ss=on&sc=on&select_
     arrange=headnum&desc=asc&no=749

79   신호철, 귀츨라프 선교지 원산도에 관한 연구, http://www.yanghwajin.co.kr/zboard/
     view.php?id=forum&page=1&sn1=&divpage=1&sn=off&ss=on&sc=on&select_
     arrange=headnum&desc=asc&no=749

temple)임을 알게 되었다고 기록하고 있다.[80] 이날 고대도에서 그 언덕을 지나가다 독사를 만나 린지가 총으로 쏘아 죽이는 사건도 있었다. 이 사건은 귀츨라프의 영문 항해기만 기록된 에피소드이다.[81] 귀츨라프는 7월 30일에 사흘 전 멀리서 보았던 "그 언덕 위의 그 신당(the temple on the hill)"을 실제로 방문한다.[82] 이 신당은 서로 다른 두 곳의 신당이 아니고, 문맥으로 보았을 때나, 문법적으로 봐도 7월 27일에 봤던 언덕 위의 신당과 분명히 동일한 곳을 가르치고 있다. 그러므로 두 곳의 신당이 있었다는 것은 맞지 않는다. 더욱이 이것을 근거로 '신당이 한 곳뿐인 고대도는 귀츨라프의 방문지가 아니다'는 주장은 더욱 설득력이 없다.

고대도의 그 언덕은 신당이 있었다 해서 예로부터 당산이라 불렀다. 귀츨라프가 방문한 이 신당은 1999년 원인 모를 화재로 소실되기 전까지 존재했다. 그 신당의 이름은 "각시당"이었으며, 지금은 제단만 남아 있다. 귀츨라프의 묘사에 의하면, 종이가 발려 있는 작은 방 한 칸의 신당이고, 방 중앙에 소금에 절인 생선이 달려 있었다. 그 신당 바닥에는 금속으로 만든 작은 용이 있었다고 했다. 귀츨라프는 그 자리에서 이 신당의 설립연도인 도광(Tauo-kwang) 제3년(1823년)이라 기록을 확인했다.[83] 그리고 건물 외벽에는 이 신당을 세운 사람들의 이름과 신당을 세우는 데 들어간 돈의 합계가 기록

80 C. Gutzlaff, *Journal*, 1834, 337.

81 C. Gutzlaff, *Journal*, 1834, 337.

82 C. Gutzlaff, *Journal*, 1834, 342.

83 C. Gutzlaff, *Journal*, 1834, 342.

되어 있었다. 실제로 고대도 주민들은 매년 정월 초에 그곳에서 소를 잡아 풍어와 안녕을 비는 당제를 지냈다.[84]

2   "고대도 안항"과 "Gan-keang"의 상관관계

앞서 조선 문헌의 정확하고도 방대한 증거에도 불구하고, 일각에서는 "고대도 안항"이 아니라 원산도 개갱이라고 주장하는 근본적인 이유가 무엇일까? 그것은 귀츨라프와 린지가 그들이 도착한 안전한 항구를 "Gan-keang"이라 표기했기 때문이다. 공교롭게도 이와 유사한 발음을 가졌다는 개갱이라는 촌락이 과거 원산도에 있었다 하여 혼란이 가중되었다. 그러나 개갱은 귀츨라프의 영문 항해기『The Journal of Three Voyages』(1834)에 나타나는 "Gan-keang"과 발음상 다를 뿐 아니라, 귀츨라프의 독문 항해기의 "Gan-kiang"와는 더더욱 다르다. 그렇다면 "Gan-keang"은 어디이며, 어떤 곳인가?

---

84   충남문화산업진흥원,『칼귀츨라프와 함께 떠나는 고대도 여행』(충남문화산업진흥원, 2012), 93.

1) "Gan-keang"은 "a safe anchorage(안전한 항구)"이다

영문 "Gan-keang"과 독문 "Gan-kiang"은 성격상 귀츨라프의 영문 항해기 "a safe anchorage"[85]로, 독문 항해기에는 "ein sicherter Ankerplatz"[86], 즉 "안전한 항구", 안항(安港)이다. 이는 조선인들이 귀츨라프 일행에게 이끌 항구, Gan-keang을 소개할 때 거론된 항구의 설명이기도 하다. 이미 언급한 대로 "Gan-keang"은 귀츨라프의 『항해기(1834)』에 총 네 번 언급된 정박지명이다.[87] 로드 애머스트호의 항해책임자 린지도 그의 책에서 "Gan-keang"을[88] 언급한 항구이다. 이 항구를 린지는 "안전한 항구"라는 뜻으로, 조선인들에게 필담으로 알게 된 어떤 표현을 기록한 것이 분명하다.[89]

"원산도 개갱 정박설"의 주장에 의하면, '귀츨라프가 탄 로드 애머스트호가 고대도에 정박했다는 것은 인정하지만, 귀츨라프 일행이 고대도에 상륙하지 않고, 다음 날 원산도 개갱으로 바로 이동했다'라고 주장하니, 그들이 주장하는바, "Gan-keang"은 고대도 안항을 지칭하는 것이 아니라 원산도 개갱이라고 생각하는 것이다. 그러나 우선 개갱의 뜻을 보면 "a safe anchorage"의 뜻을 적어도 표기상에는 내포하고 있지 않다.

---

85   C. Gutzlaff, *Journal*, 1834, 329.

86   K. Gützlaff, *Aufenthalt*, 1835, 249.

87   C. Gutzlaff, *Journal*, 1834, 329; 330; 354; 355.

88   H. Lindsay, *Report*, 1834, 252.

89   H. Lindsay, *Report*, 1834, 222; 223; 226.

2) "Gan-keang"은 "고대도 안항"이다

귀츨라프 일행은 "Gan-keang"에 18일간 머물렀고 19일째 되는 날 떠나갔다. 이곳을 귀츨라프의 책과 린지의 책에는 일관되게 "Gan-keang"이라고 언급하고 있다. 귀츨라프에 의하면, 조선의 "공식사절(an official messenger)"에 의해 초대받은 곳은 "Gan Keang harbour"였다.[90] 조선 사람들은 귀츨라프 일행이 그곳에 가면 고관을 만나 무역 상담도 할 수 있고 식량 문제를 해결할 수 있다고 했다.

그런데 중요한 것은 조선인들이 말한 "Gan-keang"이 어느 곳인가라는 점이다. 귀츨라프는 이 "안전한 항구"에 대해 조선인들로부터 어떤 글을 보고 들은 것일까? 귀츨라프의 경우에는 조선인과의 소통에 있어서 오해가 일어날 가능성이 낮았다. 몽금포 앞바다의 조선인들과의 접촉에서 보이듯이, 그는 직접 한문을 통한 필담으로 소통을 시도한 전례가 있기 때문이다. "Gan-keang"이란 기록의 경우에도 의사소통을 위해 서로 쪽지를 주고받은 것으로 볼 때, 조선인이 한문으로 쓰고 발음한 것을 귀츨라프가 영문과 독문으로 옮긴 것이므로, 어떤 근거를 가지고 한 표기라는 추측이 가능하다. 조선인들이 이 항구의 이름을 한자로 썼다면, '귀츨라프가 이 한자를 안다'라는 전제하에 "Gan-keang"이라는 표기를 관찰해야 할 것이다. 참고로 로드 애머스트호에 동승한 항해책임자인 상무관 린지도 도착한 항구를 "Gan-keang"이라 기록했다.[91] 7월 24일 찾아온 조선 사람 중 한자로 된 책을 빠르고 유창하게 그들의 고유한 발

---

90   "We were invited by an official messenger to come to Gan Keang harbour which is not very far from the capital. (H. Lindsay, *Report*, 1834, 294. 귀츨라프가 쓴 부분).

91   H. Lindsay, *Report*, 1834, 252.

음으로 읽어 내렸던 사람이 포함되어 있었다는 점을 보았을 때,[92] "Gan-keang"이라는 표현을 귀츨라프나 린지가 아무런 근거 없이 쓸 이유가 없다.

필자는 이미 저의 졸고와 졸저를 통해 "고대도 안항"을 "Gan-keang"이라 표기한 점에 대한 연구에서 두 가지 가능성을 언급한 바 있다. 그 하나의 가능성은 당시 쇄국 정책을 실행하던 시대임을 감안해, 그곳의 정식 지명을 숨기기 위해 고대도와 유사한 다른 단어로 설명했을 가능성을 거론한 바 있다.[93] 또한 두 번째 가능성을 언급하면서 "Gan-keang"이 두 음절의 단어라고 전제해, 이 단어를 귀츨라프의 기록 습관에 따른 표기법을 가지고 관찰했다. 그의 기록 습관에 따른 다른 중요한 단서는 귀츨라프가 1832년 8월 17일 제주도 인근을 떠난 애머스트호가 8월 22일 류큐(琉球) 제도 오키나와 나하(那覇)항에 정박했다는 기록에서 찾을 수 있는데, 그는 나하항을 "Napa-keang"[94] 또는 "Na-pa-keang"[95]으로 표기했다. 이때 "Na-pa"는 나하에 해당하고 "keang"은 항구를 뜻한다. 귀츨라프의 독문 『C. Gützlaff 's Missionars der evangelischen Kirche, dreijähriger Aufenthalt』(1835)에는 "Napa-Kiang"이라고 기록되어 있다.[96] 그렇다면 2음절의 단어이다. 뒷 자인 keang이 항구이면, 그러면 앞 자인

---

92   K. Gützlaff, *Aufenthalt*, 1835, 249.

93   여기에 Gan-keang의 표기방식과 그 의미에 대한 연구를 참조하라. 오현기, 『굿 모닝, 귀츨라프』(성남: 북코리아, 2004), 191-197.

94   C. Gutzlaff, *Journal*, 1834, 357.

95   East India Company, *Asiatic journal and monthly Register Vol. XII* (Nr.47-171), (London: Wm. H. Allen & Co., 1833), 171.

96   K. Gützlaff, *Aufenthalt*, 1835, 258.

Gan은 어떤 자인가? 로드 애머스트호는 고대도에 정박했고, 이 배에 동승한 귀츨라프가 처음으로 본격적인 선교를 한 곳이 고대도라는 것이 조선사료와 외국사료를 통해 밝혀졌음에도 불구하고, 귀츨라프와 린지가 표기한 "Gan-keang" 그 표기 그 자체에 대한 의문이 있어 숙제로 내려온 것이 사실이다. 그간 많은 추적 연구에도 불구하고, 여태껏 "왜 귀츨라프와 린지가 "Gan-keang"이라 표기했을까"에 대한 정확한 답이 지금까지 명쾌히 설명되지 못했었다.

"Gan-keang"과 유사한 발음으로는 19세기 말 조선에 왔던 상인이자 항해가였던 독일인 오페르트(Ernst Jakob Oppert, 1832-1903)가 금강을 두고 "Kang-Kiang"이라 발음하였지만,[97] Gan-keang은 발음의 유사성에도 불구하고, 섬 내지 만에 있는 "Kang-Kiang" 강이지 항구가 아니므로 이 경우에는 맞지 않는다. 김광수는 그의 저서 『한국기독교전래사(韓國基督敎傳來史)』에서 "Gan-keang"은 중국 발음의 오기라고 생각했다.[98] "Gan-keang"에 대해 최완기는 "귀츨라프의 한반도 기행문"에서 "간경만"으로 번역하였고,[99] 리진호는 대동여지도(1861)에 보면, 현 고대도의 위치에 경(鏡)이란 섬이 표기되어 있음으로, 이를 두고 "Gan-keang"이라 부른 것이 아닌가 추측했다.[100] 말테 리노(Malte Rhinow)는 『Eine kurze koreanische Kirchengeschichte bis 1910(1910년까지의 한국역사 단편)』이라는 책에

---

97   Ernst Oppert, *A Forbidden Land: Voyages to the Corea* (N.Y: G.P. Putnam's Sons 1880), 311.
98   김광수, 『한국기독교전래사(韓國基督敎傳來史)』(서울: 기독교문사, 1974), 236.
99   최완기, "귀츨라프의 한반도 기행문(1832)", 『신학과 신앙』 제2집(1987), 98.
100   리진호, 『귀츨라프와 고대도: 최초로 내한한 선교사와 고대도』(서울: 감리교 출판사, 1997), 57.

172   귀츨라프 ON 고대도

서 "Gan-keang"에 대한 그간의 여러 가설들을 자세히 소개하면서 "귀츨라프가 "Gan-keang"을 섬이라 부른 것은 아직 규명되지 않은 채 남아 있다(es bleibt unerklärt)"라고 한다.[101]

이처럼 귀츨라프가 도착하여 "Gan-keang"이라고 표기한 한국 최초의 본격적 선교지는 앞서 언급된 조선 측 1차 사료를 참고할 때 "안전한 항구"는 당시 홍주목사 관할하의 고대도의 항구, 고대도 안항이라고 볼 수밖에 없다. 그럼에도 불구하고 아직까지도 "Gan-keang"의 표기 자체에 대한 명확한 논증이 없다 보니, 심지어 유사한 지명을 따라 "원산도 개갱 정박설"까지 생겨나게 되었다.

그렇다면 "Gan-keang"이 고대도 안항이라는 표기법상에 결정적 증거는 무엇일까? 그 단서는 중국 최초의 개신교 선교사인 로버트 모리슨의 저서에서 나온다. 모리슨은 귀츨라프를 로드 애머스트호에 통역관과 선의로 추천하여 조선 선교를 가능케 했던 중국 최초의 개신교 선교사이자, 중국학 학자였다. 그가 연구하여 집필한 저서 중에 다음 두 영어-중국어 사전(1819년과 1822년 발간)을 참고할 때, 그간의 수수께끼 같던 "Gan-keang"의 발음과 의미를 최종적으로 정리할 수 있다.

---

101   Malte Rhinow, *Eine kurze koreanische Kirchengeschichte bis 1910*, (Zürich: LIT Verl., 2013), 115.

1) 스모킹 건 1: 로버트 모리슨의 『중국어-영어 사전』에 나타난 한자어 영문 표기[102]

로버트 모리슨이 1819년 마카오에서 발간한 중-영사전에는 "안 (安)" 자의 경우 Gan 또는 An으로 표기되어 있다.[103]

---

102 R. Morrison, *A dictionary of the Chinese language: in three parts, part the first containing Chinese and English,* arranged according to the KEYS, part the second, Chinese and English arranged alphabetically and part the third English and Chinese, Part II, Vol. 1., Macao: East India Company Press, 1819.

103 Robert Morrison, *A dictionary of the Chinese language,* 1819, 369.

또한 이 사전에는 "항(港)" 자의 경우는 keang으로 표기되어 있다.[104]

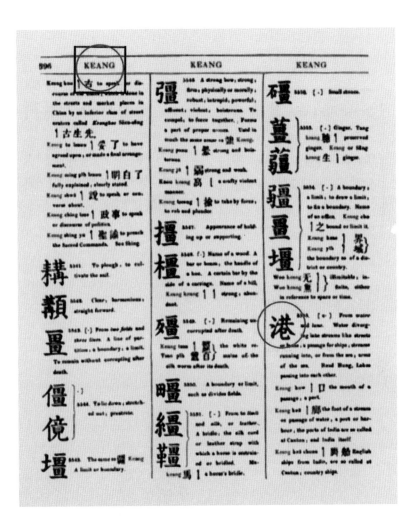

104   R. Morrison, *A dictionary of the Chinese language*, 1819, 396.

로버트 모리슨이 1822년 마카오에서 발간한 중-영사전에도 역시 "安" 자가 Gan으로 표기되어 있고,[105] "港" 자의 경우 keang으로 표기되어 있다.[106]

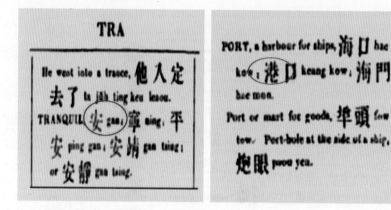

이 사전에 나타난 알파벳 표기방법과 의미에 따르면, "Gan-keang"은 곧 안항(安港)이다.

2) 스모킹건 2: 조선 국왕의 점검을 위한 비망록(A Memorial for the Inspection of the King)

Gan-keang이 고대도 안항이라는 또 하나의 강력한 증거는 린지의 『북중국 항해기』 중 "국왕의 감사를 위한 비망록(A Memorial for the

---

105 Robert Morrison, *A dictionary of the Chinese language: in three parts, part the first containing Chinese and English, arranged according to the radicals, part the second, Chinese and English arranged alphabetically and part the third English and Chinese, Part III*, (Macao: East India Company Press, 1822), 440.

106 R. Morrison, *A dictionary of the Chinese language*, 1822, 329.

" *A Memorial for the Inspection of the King.*

" Confucius says, ' When a friend arrives from a distance, is it not a subject of rejoicing?' and now that an English ship has arrived from a distance of many myriads of le, bearing a letter and presents, should you not rejoice thereat?

" When we Englishmen arrived on the frontiers of your honourable nation at Chang-shan we met with none but the common people, and had no intercourse with any chiefs; we therefore made no stay there, but came to Luh-taou; thence we were invited by the chiefs to enter Gan-keang; and there we publicly presented our document and presents to the chiefs Kin and Le, respectfully requesting they might be forwarded to his Majesty; this was promised. Moreover, having been long at sea, we requested them to supply our wants; this also the chiefs pledged themselves to do. Some days afterwards messengers came to the ship, who informed us that the letter

국왕의 감사를 위한 비망록(영문, 1832년 8월 10일(양력), 1832년 7월 15일(음력))

Inspection of the King)에서 찾을 수 있다.

이 기록은 귀츨라프가 1832년 8월 10일 고대도를 방문한 4명의 고관(공충수사 이재형, 수군우후 김형수, 홍주목사 이민회, 역관 오계순) 각 자에게 한문으로 쓴 똑같은 내용의 조선 국왕께 드리는 서신을 주었고, 동시에 그 글에 대한 영어 번역본을 남긴 것이 바로 이것이다.[107] 이 편지의 영어 번역본은 린지의 책에 전문이 기록되어 있는데, 장산과 녹도를 거쳐 "거기에서 우리는 관원들에 의해 Gan-keang으로 초대되어 들어갔다(thence we were invited by chiefs to enter Gan-keang)"라는 대목이 있다.[108] 이 영문 편지에서 언급되어 있는 Gan-keang을 앞서 언급한 같은 내용의 한문 편지만 찾아 대조하면, Gan-keang이 어디인지 명확히 알 수 있게 되는 것이다.

귀츨라프가 작성한 문제의 한문 편지가 담긴 책은 『척독류함정문서달충집(尺牘類函呈文書達衷集, Nineteenth Century Correspondence Between Chinese Officials And English Merchants)』이다.[109] 이 책은 중국의 유명한 작가 허지산(許地山, 1893-1941)이 1926년에 영국 옥스퍼드 대학 유학시 보들리안 도서관(Bodleian Library)에서 발견한 고문서를 발췌하여 사본으로 만든 것으로, 이 역사적 자료는 동 도서관의 광저우서고에서 동인도 회사가 기탁한 오래된 서한과 공식 문서를 필사한 필사본이다. 한 가지 확실한 것은 로드 애머스트호의 조선 방문시에 그 배에 통역관으로서 중국어를 말하고 한문으로 글을 쓸 수 있는 인물은 귀츨라프뿐이었다. 그러므로 이 내용은 귀츨라프가 직접 작성한 편지의 내용을 담고 있어 사료적 가치를 더 높인다.

영어 편지인 "국왕의 감사를 위한 비망록(A Memorial for the Inspection of the King, 이하 Memorial)"과 "척독류함정문서달충집(尺牘類

107　H. Lindsay, *Report*, 1834, 252.

108　H. Lindsay, *Report*, 1834, 252.

109　『척독류함정문서달충집』, https://archive.org/details/NineteenthCenturyCorrespondenceBetweenChineseOfficialsAndEnglishMerchants/mode/2up

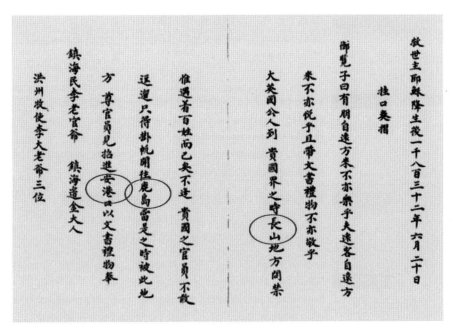

국왕의 감사를 위한 비망록(한문, 1832년 7월 15일(음력), 8월 10일(양력), 71페이지)[110]

函呈文書達衷集, 이하 達衷集)"속에 수록되어 있는 귀츨라프가 고관들에게 건네 준 한문 편지를 비교해 보면 다음과 같다.

> **Memorial** Confucius says, When a friend arrives from a distance, is it not a subject of rejoicing?
>
> 공자는 '멀리서 찾아오는 친구가 있으면, 또한 기쁘지 아니한가?'라고 말했습니다.[111]

---

110 『척독류함정문서달충집』, 71. 이 편지의 서명에 진해민이노관야(鎭海民李老官爺)는 공충수사 이재형, 진해도김대인(鎭海道金大人) 수군우후 김형수, 홍주목사이대노야(洪州牧使李大老爺)는 홍주목사 이민회이다. 여기서 대노야(大老爺)는 청대에 주·현 지사를 높여 부르던 말이었다.

111 『논어(論語)』 학이(學而)편 중에서.

御覧子曰有朋自遠方來不亦樂乎

어람자(공자)는 '멀리서 찾아오는 친구가 있으면 또한 기쁘지 아니한가?'라고 말했습니다.

and now that an English ship has arrived from a distance of many myriads of le, bearing a letter and presents, should you not rejoice thereat?

그리고 이제 영국 선박이 수만 리 떨어진 곳으로부터 편지와 선물들을 싣고 도착했는데, 그것 때문에 기뻐하면 안 되는 것입니까?

夫遠客自遠方來不亦悅乎 且帯文書禮物不亦敬乎

아주 멀리서 손님이 스스로 온다면, 또한 기쁘지 아니하겠습니까? 또 문서와 예물을 가지고 온다면, 또한 예의 바른 행동이 아니겠습니까?

When we Englishmen arrived on the frontiers of your honourable nation at Chang-shan we met with none but the common people, and had no intercourse with any chiefs;

우리 영국인들이 귀국의 변경인 장산에 도착했을 때, 우리는 평민들 외에는 아무도 만나지 못했으며, 어떤 관원과도 교류할 수 없었습니다.

大英國公人到 貴國界之時長山地方問禁 惟遇着百姓而已矣不逢 貴國之官員不敢

대영국공인이 도착했을 때, 귀국의 경계인 장산지방 방문이 금하여졌고, 다만 그곳에 사는 백성들을 만난 것 외에는, 감히 귀국의 관원들을 만날 수가 없었습니다.

we therefore made no stay there, but came to Luh-taou;

그래서 우리는 그곳에 머무르지 않고, 녹도로 갔습니다.

逗迴只得卦帆開往鹿島當是之時被此地方

머무르지 않고 돛을 올려서 바로 녹도로 내려가서 이 지방에 닿았습니다.

thence we were invited by the chiefs to enter **Gan-keang**; and there we publicly presented our document and presents to the chiefs Kin and Le, respectfully requesting they might be forwarded to his Majesty;

그 뒤에 우리는 고관들에 의해 **Gan-keang**으로 초대되어 들어갔습니다. 그리고 우리는 공식적으로 우리의 문서와 선물들을 고관인 Kin과 Le에게, 그들이 그의 국왕에게 정중하게 전달해 줄 것을 요청했습니다.

達表集 尊官員見招進**安港**口以文書禮物奉 鎮海民李老官爺 鎮海邊金大人 洪州牧使李大老爺三位謹祈以此物件 轉奏

높은 관원들이 나타나 우리를 **안항(고대도 안항)**으로 들어가도록 초청했습니다. 진해민 이노관야(공충수사 이재형), 진해변 김대인(수군우후 김형수), 홍주목사 이대인노야(홍주목사 이민회) 세 분에게[112] 문서와 예물을 드리면서 이 물건들을 (국왕께) 전해 줄 것을 정중히 요청했습니다.

Memorial this was promised.

이것은 약속되었습니다.

達表集 없음

Memorial 없음

達表集 貴國大王千歲爺及

귀국대왕이 천세수를 누리시길 바랍니다.

Memorial Moreover having been long at sea, we requested them to supply our wants;

더욱이 우리는 바다에서 오랫동안 머물렀기 때문에, 우리는 그들에게 우리의 원하는 것을 공급해 줄 것을 요청하였습니다.

---

112 린지의 기록에 7월 26일에 로드 애머스트호의 선상을 방문한 사람은 등노와 양의뿐만 아니라, "Kin Tajin"(金大人: 수군우후 김형수)와 "Le Ta laou yay"(李大老爺: 홍주목사 이민회)가 방문했다고 하는데,(H. Lindsay, *Report*, 1834, 255) 이민회의 경우 거기에 쓰인 직함이 "국왕의 감사를 위한 비망록" 한문 편지에도 그대로 사용되고 있다.

達衷集 因在洋面良久食物欠少遠客乞送食物膳羞

우리는 바다에 오랫동안 머물렀기 때문에 음식물이 조금 부족하여 멀리에서 온 손님인 우리에게 음식물을 보내 줄 것을 요청했습니다.

Memorial this also the chiefs pledged themselves to do.

이에 대해 고관들은 그렇게 하겠다고 약속했습니다.

達衷集 即是都所大官員應承決不食言

즉시 수도에서 온 고관들은 식언하지 않고, 그렇게 받아들여 행하겠다고 했습니다.

Memorial Some days afterwards messengers came to the ship, who informed us that the letter and presents had been forwarded to the capital.

며칠이 지난 후 연락관들이 배(로드 애머스트호)로 와서 우리에게 서신과 예물이 수도로 전달되었다고 전했습니다.

達衷集 數日之後委員仰遠客悉知已献文書禮物上貴國之京都

수일이 지난 후 일을 맡은 관원이 멀리서 온 손님인 우리에게 문서와 예물이 이미 수도로 보내졌다는 것을 알려왔습니다.

Memorial How could we harbour doubt and suspicion?

어떻게 우리가 의심과 수상하다는 마음 품을 수 있었겠습니까?

達衷集 蓋探討食物之單約束據單拿之来遠客敢懷疑惑乎

음식물에 관하여 논의한 그 약속에 근거해서, 멀리서 온 손님인 우리가 어찌 감히 의혹을 품을 수 있겠습니까?

이상에서도 보듯이 이 두 문서 사이에는 약간의 어감의 차이는 있으나, 내용에는 큰 차이가 없다. 중요한 점은 장산(長山)에 도착한 영국 선박이 녹도(鹿島)를 거쳐 안항(安港: 고대도)에 도착했음을 기록하고 있다는 점이다.[113] 또 중요한 점은 국왕의 감사를 위한 비망

---

113 『척독류함정문서달충집』은 중국의 유명한 작가 허지산(許地山, 1893-1941) 영국 옥

182   귀츨라프 ON 고대도

록(A Memorial for theInspection of the King)에 나오는 "**Gan-keang**"은 스모킹건 1에서 밝혔듯이 Gan은 "안(安)" 자이며, 또한 "keang"은 "항(港)"이다. 즉, Gan-keang은 안항(安港)이다.

그런데 혹자의 주장처럼, Gan-keang이 **안항구(安港口)**라면, 모리슨의 사전에 "港口"를 "keang kow"로 표기한 것을 기준으로 할 때, "Gan keang kow"로 표기해야만 한다. 그러나 대조된 "국왕의 감사를 위한 비망록"에는 "Gan-keang"이라고만 되어 있으니, "Robert Morrison, A dictionary of the Chinese language, 1819"를 참고할 때 **Gan-keang은 안항(安港)**을 지칭한 것이다. 그리고 "**安港口**"에서 "口"는 "港"자에 출입구의 뜻을 더하는 접미사로서, 안항의 항구적 성격을 나타낼 뿐이다. 귀츨라프는 그의 영문 기록에서도 Gan-keang에 항구의 의미를 담아 아래와 같이 표현하기도 했다.

"We were invited by an official messenger to come to **Gan Keang harbour**, which is not very far from the capital.[114]

이 글은 귀츨라프가 안항(Gan-keang)을 고유 명사로 이해했다는 것을 추론하게 하는 대목이기도 하다. 그래서 "安港口"나 'Gan-keang harbour"나 모두 Gan-keang(안항)을 지칭하는 것이다.

스퍼드 대학 유학시 보들리안 도서관(Bodleian Library)에서 발견한 고문서를 1926년에 발췌하여 사본으로 만든 것으로, 이 역사적 자료는 동 도서관의 광저우 서고에서 동인도 회사가 기탁한 오래된 서한과 공식 문서에서 나온 것이다. https://archive.org/details/NineteenthCenturyCorrespondenceBetweenChineseOfficialsAndEnglishMerchants/page/n73/mode/2up

114 H. Lindsay, *Report*, 1834, 294. 귀츨라프가 쓴 부분.

이제 두 사료를 함께 대조해 보면, 조선 국왕의 점검을 위한 비망록(A Memorial for the Inspection of the King)에 나타난 "Gan-keang"은 다름 아닌 안항(安港)임이 명백하다. 즉, 이 안항은 1832년 영국 배의 내한과 관련해 구체적인 기록을 남기고 있는 순조신록, 일성록에 나와 있는 "고대도 안항"이다.[115]

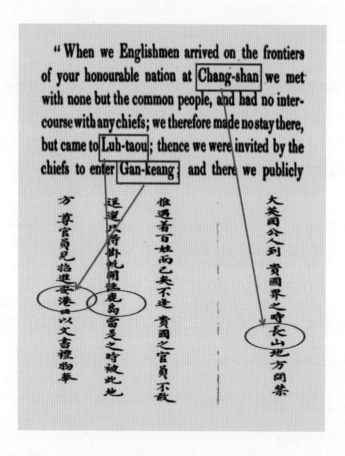

---

115 『순조실록』, 순조 32년 7월 21일 자의 자문(咨文: 조선시대 중국과의 공식적 외교문서)에 등장한다. 그리고 『일성록』 순조 32년 7월 11월과 14일 "고대도 안항'에 끌어와 정박시켰다(古代島安港引泊)"라는 표현이 나온다.

귀츨라프 ON 고대도

且遠客實在厚道給書書典都必謹勤讀之
蓋其味無窮皆天堂實學也為神天上帝耶
穌所乘黙善讀者玩索而有得焉則終身用
之有不能盡者還有地理天文書通知此世事
可悅讀之

국왕의 감사를 위한
비망록(한문, 음력
1832년 7월 15일, 양력
8월 10일, 76페이지)[116]

또한 이 편지에는 귀츨라프 일행이 순조대왕에게 기독교 관련
책을 선물로 주었다는 내용과 기독교의 신명(神名)을 담고 있어서
선교 역사적으로도 중요한 기록이다. 물론 한문 편지의 병행본인
영문 편지에도 이 점이 언급되어 있다.[117]

Memorial In proof of our friendly wishes we have distributed
among you books of various sorts containing treatises
on astronomy, geography and history, which are both

---

116 『척독류함정문서달충집』, 76.

117 H. Lindsay, *Report*, 1834, 254.

instructive and amusing. We have moreover given you
books containing the doctrines of our religion and the
true revelations of God and Jesus; these, if carefully read
by well-disposed persons contain precepts which may be
of the greatest utility.

우리의 우호적인 소망을 증명하기 위해 우리는 당신에게 천문학, 지리
학 그리고 역사에 관한 논문들을 담은 유익하고 재미있는 다양한 종류
의 책들을 나누어 주었습니다. 또한 우리는 당신에게 우리의 종교 교리
와 하나님과 예수님의 진실한 계시를 담은 책들을 드렸습니다. 만약 이
것들을 마음씨 좋은 사람이 주의 깊게 읽는다면, (행동의) 규율에 엄청
난 유용성이 있음을 알게 될 것입니다.

> **達衷集** 且遂客實在厚道給書書典都必謹勤讀之蓋其味無窮
> 皆天堂實學也為神天上帝耶穌所示默善讀者玩索而
> 有得焉則終身用之有不能盡者還有地理天文書通知
> 此世事可悅讀之

또한 우리는 실제로 친밀함을 깨닫게 하기 위하여, 모든 책들을 삼가
부지런히 읽도록 공급하였습니다. 그 맛이 다함이 없으니, 하나님과 예
수님의 계시를 담은 것으로 모두 천당에 관한 진실한 학문입니다. 좋은
독자가 완색(玩索: 글의 깊은 뜻을 곰곰이 생각하여 찾음)하여 얻으면,
평생을 다하도록 쓰더라도 능히 다 활용하지 못할 것입니다. 그리고 또
한 지리서와 천문서는 이 세상 정세를 꿰뚫어 알 수 있으니 기쁘게 읽
으실 수 있을 것입니다.[118]

또한『척독류함정문서달충집』에는 린지가 7월 17일 조선에 도
착하자마자 작성한 "조선 국왕께 드리는 한문 청원편지(1832년 7월
17일)"도 수록되어 있는데, 이것도 린지의 책『북중국 항해기』에 영

---

118 논어, 맹자, 대학과 더불어 사서에 들어가는 유교의 경전인 중용(中庸)의 중용장구
(中庸章句) 중에 있는 "(…) 其味無窮 皆實學也 善讀者玩索而有得焉 則終身用之
有不能盡者矣"란 말을 순조대왕께 드리는 편지의 상황에 맞게 변형하여 인용한 것
이다.

문번역 사본이 실려 있다.[119] 이 두 편지를 대조해 보면 어떤 내용으로 당시 순조 대왕께 통상을 청원하였는지 알 수 있는 중요한 사료이다.

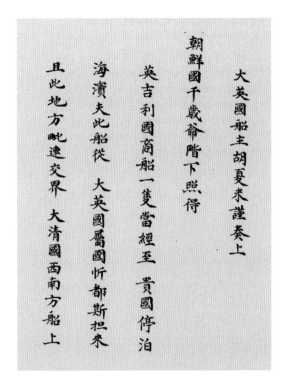

통상을 위해 순조대왕께 드리는 청원서(한문, 음력 1832년 6월 20일 작성, 양력 7월 17일 68페이지)[120]

119 H. Lindsay, *Report*, 1834, 216f.
120 『척독류함정문서달충집』, 68.

> " The English captain Hoo Hea-me hereby re-
> spectfully lays a petition before the throne of his
> Majesty the King of Corea :
> " An English merchant ship having arrived and
> anchored on the coast of your Majesty's dominions,
> I consider it my duty respectfully to state the cir-
> cumstances which have led to her arrival.
> " The ship is a merchant vessel from Hindostan, a
> large empire subject to England, which adjoins to
> the south-west frontiers of the Chinese empire. The
> cargo of the ship consists of broadcloth, camlets,
> calicoes, watches, telescopes, and other goods, which
> I am desirous to dispose of, receiving in exchange
> either silver or the produce of this country, and
> paying the duties according to law.

통상을 위해 순조대왕께 드리는 청원서(영문, 1832년 7월 17일 작성,
음력 6월 20일)[121]

우리가 앞서 살폈듯이, 순조 대왕께 드리는 한문과 영어 통상
청원서(양력 1832년 7월 17일 작성)에도 논어 속에 나오는 "사해지내개
형제(四海之內皆兄弟)"라는 공자의 말을 인용하고 있다.[122] 또한 "국
왕의 감사를 위한 한문과 영어 비망록(1832년 8월 10일 작성)에도 이미
살폈듯이, 이 문서에 논어와 중용의 글을 언급하고 있다. 이는 중국
어와 한문에 능통한 귀츨라프의 중국 고전에 대한 조예가 깊었음
을 알 수 있으며, 청원서와 비망록 작성에 기여한 그의 결정적인 역

---

121 H. Lindsay, *Report*, 1834, 216f. 이 영문청원서에는 Hoo Hae-me(린지)를 선장으로
지칭하고 있지만, 실은 그는 이 베의 항해 책임자인 동인도회사의 상무관이자 동시
에 화물관리인(supercargo)이었다. 실제 선장은 토마스 리스(Thomas Rees)였다.
122 『논어(論語)』안연편제 12(顔淵篇,第十二) 중 "四海之內 皆兄弟也 君子何患乎无兄
弟也"란 말의 인용이다.

할을 이해할 수 있다. 그러므로 이 탐사여행의 가장 중요한 인물이 바로 귀츨라프였음을 알 수 있다. 앞에서도 언급했듯이 순조대왕께 드리는 편지 형식의 "국왕의 감사를 위한 한문과 영어 비망록(1832년 8월 10일 작성)" 마지막 부분에 67명의 로드 애머스트호의 승무원 중 단 두 사람의 서명만 기록되었는데, 胡夏米(Hugh Hamilton Lindsay)와 甲利(Karl Gützlaff)의 서명과 함께 "동배(소拜)"라 쓴 것을 보아서 이 탐사여행에 귀츨라프의 비중을 짐작할 수 있다.[123]

이상의 사료에서 살폈듯이 로드 애머스트호의 내한과 관련하여 조선왕조실록과 일성록 등 조선시대 주요 문헌의 사료에 언급된 안항은 "고대도 안항"이다. 이로써 Gan-keang이 "고대도 안항"인지 "원산도 개갱"인지에 대한 답은 더 명확해지는 것이다. Gan-keang은 의심의 여지 없이 "고대도 안항"이다.

3) 스모킹건 3: 영국 해군성 수로국의 한반도 지도 1258번

귀츨라프 탐사팀은 "Gan-keang"을 다른 이름인 "Majoribanks Harbour"로 명명했다. 린지의 책에는 처음에는 천수만을 "Majori-banks Harbour"로 명명했으나,[124] 이후 천수만을 "Shoal harbor"로 재명명했다. 그리고 안면도를 후에 린지의 섬이라고 불렀다.

당시 영국 동인도회사 소속으로 이러한 정보를 취급하는 자리에 있던 스코틀랜드 수계 지리학자 홀스버그(James Horsburgh, 1762-

---

123 『척독류함정문서달충집』, 82.

124 H. Lindsay, *Report*, 1834, 240.

안면도가 린지의 섬(Lindsay island)이라고 표기된 19세기의 지도[125]

1836)는 "Gan-keang"을 "Majoribanks Harbour"라고 한다. 또한 이 항구는 수심을 재어 보니 대부분 8-12 패덤이었다고 기록한다.[126]

그 후 1858년 런던에서 당시 영국 정부가 발간한 『중국 안내 집(China Pilot)』도 "Gan-keang"과 "Majoribanks Harbour"를 동일 시 한다.[127] 영국 정부가 발간한 『중국 안내집』은 1858년에 이어 1861년(3판)에서도 여전히 "Gan-keang"과 "Majoribanks Harbour" 를 동일시한다. 이 책의 각주에는 귀츨라프가 "Gan-keang"을

---

125 Adolf Stieler, *Stieler Hand- Atlas, Über alle Theile der Erde und über das Weltgebäude*. 7. Aufl. Bearb. 1881. Rev. 1885 (Gotha: Justus Perthes, 1885).

126 패덤(fathmos)은 수심측정 단위이다. 1패덤은 1.8미터에 해당한다. James Horsburgh, *The India directory, or, directions for sailing to and from the East Indies, China, Australia, Cape of Good Hope, Brazil and the Interjacent Ports: Compiled Chiefly from Original Journals of the Company's Ships*, Vol. 2. 4th ed. (London: Allen, 1836), 418.

127 John W. King, *The China Pilot. The coasts of China and Tartary, from Canton River to the Sea of Okhotsk; with the adjacent islands. Compiled from various sources*, 2nd ed. (London: Hydrographic Office, 1858), 217.

귀츨라프 ON 고대도

"Majoribanks Harbour"라고 불렀다고 기록하고 있다.[128]

　이 책의 조선 지역의 위치를 정리한 도표는 수계 지리학자 홀스버그가 제시한 근거와 프랑스 군함 비르지니(Virginie)호의 게렝 제독(Rear admiral Guérin)의 지휘 아래 1856년에 작성한 해도를 참고하고 있다. 여기에 나온 기록으로는 Gan-keang인 Marjoribanks harbour는 36°25′00.0″N 126°25′00.0″E이며,[129] 지볼트(Philipp Franz von Siebold, 1796-1866)는 Gan-keang의 위치를 좀 더 자세히 초까지 36°23′20.0″N 126°28′30.0″E라 표기했다.[130] 당시 위도와 경도 기록이 정밀하지 않더라도, 이 좌표는 당시 해도의 좌표를 참고할 때 둘 다 고대도와 그 인근을 가르친다.

　게렝 제독의 명에 따라 프랑스 해군 소위 몽따루가 1857년에 작성한 안면도 인근 해도에는 "Majoribanks Harbour"가 고대도와 장고도에 사이에 표시되어 있다. 이는 항구 표시이기 보다는 고대도 전체를 지칭하는 것으로 보아야 한다. 고대도와 장고도 사이에 고대도 편에는 물살이 세다 보니 배를 댈 항구도 없으며, 정박하기가 불가능하다. 그러나 이 해도에서 "Majoribanks Harbour"가 고대도 인근에 표시됨으로 적어도 고대도설을 강화하는 자료임에는 분명하다.

　몽따루가 작성한 해도를 보자면, 고대도에 정박 가능한 두 곳

128　John W. King, *The China pilot*, 1861, 255.

129　John W. King, *The China pilot*, 1861, 425.

130　Philipp Franz von Siebold, *Geschichte der Entdeckungen im Seegebiete von Japan, nebst Erklärung des Atlas von Land- und See-Karten vom japanischen Reiche* (Leyden: bei dem Verfasser, 1852), 47.

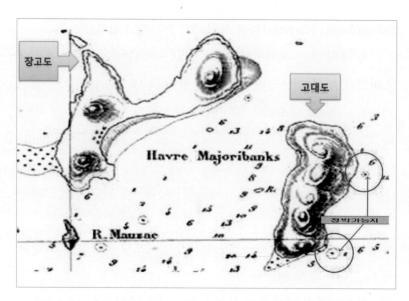

비르지니 호의 게렝 제독의 명에 따라 프랑스 해군 소위 몽따루가 1857년에 작성한 해도

을 정확히 표기해 두었다.[131] 『연원직지』에는 '고대도(古代島) 앞 항
구에 끌어다 정박시켰다'라 했으니 이 둘 중 하나일 것이다.[132] 위쪽
의 정박지는 현재도 고대도 항구로 사용되는 곳 근처이고, 고대도
주민들에 의하면, 아래쪽 정박지는 옛날 배들이 피항했던 장소라
한다. 그곳은 고대도 남쪽 아래쪽에 위치한다. 지역 주민들의 증언
에 의하면 이곳 앞바다는 "닻 밥"이 좋아 무거운 큰 돌에 구멍을 내
어 밧줄로 연결한 닻을 쓰던 조선시대에 정박하기에 알맞은 항구의

---

131 *"Mouillages de la Cote Ouest de Coree leves en 1857 par Mr. Montaru Enseigne de
Visseau*(1857년 한국 서해안에 정박 후 해군 중위 몽따루(Mr. Montaru)에 의해 측
량)" 제목이 붙어 있고, "Havre Majoribanks et entree du Shoal Gulf" 부제목이 붙어
있다. 국립해양조사원, http://www.khoa.go.kr/museum/VIEW.HTM.

132 김경선(金景善)의 『연원직지(燕轅直指)』, 제1권, 출강록(出疆錄), 임진년(1832, 순
조 32) 11월 25일.

역할을 했다. 지금도 고대도에 는 그 시대에 쓰던 같은 종류의 닻이 유물로 남아 있다.

위 지도에 동그라미로 표 시한 두 곳 중 하나가 분명 고 대도의 "안항" 정박지일 것이 다. 조선의 지도들에 일관되게 나타나는 항로인 세곡선 해로 에 가깝게 위치하고, 고대도 후 양에 있고, 린지가 기록한 대로 "Gan-keang"이 큰 마을 가까운 곳에 있고,[133] 바람을 피할 수 있

고대도에 유물로 남아 있는 화강석 닻 **오현기 촬영**

는 곳(파도막이가 되는 자연적 방파제 역할을 하는 지형지물)이라 했다.[134] 아울러 섬에 로드 애머스트호를 바 로 접안한 것이 아니라 좀 떨어져 정박했었다. 그래서 귀츨라프 일 행을 태운 배가 닻을 내리자마자, 섬으로부터 많은 배가 다가왔다 고 했다.[135] 또한 귀츨라프가 고대도를 방문할 때 노를 젓는 급수선 또는 긴 보트(long-boat)를 사용하여[136] 고대도로 간 것을 보았을 때, 해상에 정박지가 분명하다. 그렇다면 이 모든 조건을 만족하는 조 건은 고대도 남쪽 정박지가 "고대도 안항"이다.

133   H. Lindsay, *Report*, 1834, 224.
134   C. Gutzlaff, *Journal*, 1834, 330.
135   H. Lindsay, *Report*, 1834, 224.
136   H. Lindsay, *Report*, 1834, 227.

로드 애머스트호가 고대도 남쪽 정박지(안항, "Gan-keang")에 도착했다는 사실을 정확히 뒷받침해 주는 또 다른 결정적 증거는 1840년의 영국해군성 수로국(Hydrographic Office of the Admiralty, UK)에서 작성한 해도이다.[137]

이 지도상에 특별한 점은 로드 애머스트호의 1832년 항로가 "애머스트호 1832년(Amherst 1832)"라는 표기와 항로를 의미하는 점선이 함께 사용되어 정확하게 표시되어 있다는 점이다. 이는 애머스트호의 선장 토마스 리스(Thomas Rees)가 1832년에 서해안을 탐사했을 시에 작성한 해도가 바탕이 되었다.[138] 지볼트에 의하면, 리스 선장의 해도는 영국 해군성 수로국의 1840년 작성한 "한반도(The Peninsula of Korea)"라는 이름의 지도는 No. 1258로 지정되었다.[139] 이 해도에도 "Gan-keang"을 "Majoribanks Harbour"로 표시하였으며, 애머스트호의 항로를 표시하는 점선은 린지가 기록한 대로 Hutton 섬(외연도)이 자리한 군도 사이를 지나 녹도를 지나 동북쪽으로 불모도(동소도)를 지나 고대도 끝, 고대도 "안항"에 도착함을 정확히 보여

137 Hydrographic Office of the Admiralty, "The peninsular of Korea" (London: R. B. Bate, Jan. 27. 1840), Librarie Loeb-Larocque (ed), *The European Mapping of Korea* (Librarie Loeb-Larocque: Paris 2009), 59; 국립해양조사원, http://www.khoa.go.kr/oceangrid/koofs/webzine/data/HAE/3/files/download/old.pdf
재인용: "Chart shewing the track of the Lord Amherst among the outer islands of the Corean Archipelago by Capt. T. Rees 1832" drawn on a scale of 3 inches to a degree 1 f. 4 in. x 1 f. 2 in. (Add 16,365. x.)" British museum dept. of MSS, *Catalogue of the Manuscript Maps Charts and Plans and of the topographical Drawings in the British Museum*, Vol. III (London: Order of the Trustees, 1861). 343.

138 리스 선장은 1832년 서해안 항해시에 해도를 그렸다(H. Lindsay, *Report*, 259). 이것이 영국 해군성 수로국의 한반도 지도에 그대로 반영되어 있다.

139 Philipp Franz von Siebold, *Geschichte*, 47.

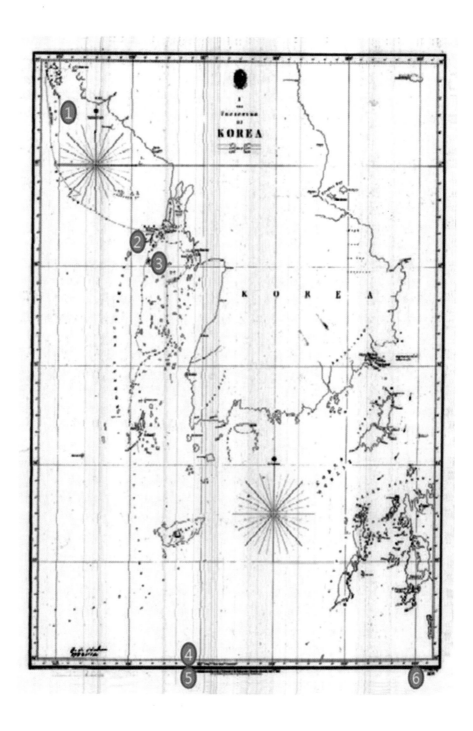

마지막 퍼즐 "Gan-keang"은 고대도 안항!

주고 있다.[140] 이 지도를 지정한 번호에 따라 확대해 보면,

① "Amherst 1832년 7월"이라고 명시하여 장산부터 내려오는 로드 애머스트호의 항로를 점선으로 표기했다.

② 고대도 인근 로드 애머스트호의 확대한 항로는 다음과 같다.

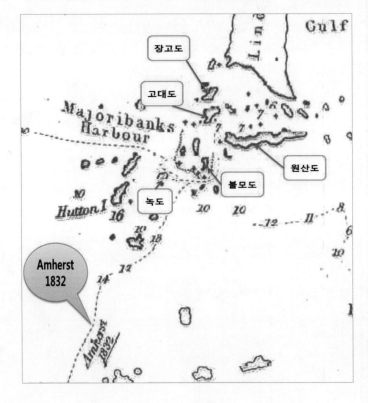

---

140 Hydrographic Office of the Admiralty, "The peninsular of Korea," 59.

③ 1832년 로드 애머스트호의 항로가 점선으로 표기되어 있다.

④ 영국 그리니치 천문대를 기준으로 한 경도임을 기록하고
있다.

Long.^{de} $10'$ East from $^{20'}$ Greenwich $30'$

⑤ 해군성 수로국(Hydrographic Office of the Admiralty)가 1840년
1월 27일에 R. B. 베이터 에이전트(R. B. Bate Agent)에 의해
런던에서 발행됐음을 명시하고 있다.

London Published according to Act of Parliament at the Hydrographic Office of the Admiralty, June 27th. 1840
Sold by J. D. Potter Agent to the Sale of the Admiralty Charts and Books

⑥ 지볼트가 언급한 대로 지도의 고유번호 1258이 명시되어
있다.[141]

J.& C. Walker, Sculp.ᵗ
1258

이 영국 해도는 로드 애머스트호의 항로에 원산도가 개입될 여
지를 원천적으로 배제한다. 이 해도의 애머스트호 진행 방향을 보
면, 외연도 방향에서 와서 녹도, 불모도를 거쳐 동북쪽으로 올라갔

---

141 Philipp Franz von Siebold, *Geschichte*, 47.

다가[142] 고대도 끝 안항에 정박하고 18일이 지난 후 서남쪽으로[143] 내려가 제주도를 향하여 남하했다는 기록에도 부합된다. 그러므로 이 해도는 애머스트호가 1832년 7월 25일 고대도 안항에 정박했으며, 안항이 귀츨라프의 조선 선교 여행에 있어서 최장기간 정박지로 사용되었다는 점을 알 수 있게 하는 중요한 사료적 가치를 지니고 있다.

　이 장을 정리하자면, "Gan-keang"은 고대도 안항이다. 일각에서 제기한 "Gan-keang은 원산도 개갱"이라는 주장은 "Gan-keang"이 원산도 개갱과 발음상 유사하다고 추측하는 지점에서 출발한 것이다. 그러나 본 저자는 "Gan-keang"은 "고대도 안항"임을 논증하기 위해 증거로 귀츨라프와 린지의 "Gan-keang"이라는 단어의 표기 방식과 그 의미를 분석하였고, 이때 1819년과 1822년 마카오에서 발간된 로버트 모리슨의 『영어-중국어 사전』(A dictionary of the Chinese language)을 참조하였다. 이 사전들을 통하여 "Gan-keang"이 표기상의 의미가 "안항"이며, 순조실록과 일성록에 언급된 고대도 안항이 이곳임을 밝혔다. 또한 애머스트호의 항해 책임자 린지의 『북중국 항해기』에 나타난 "조선 국왕의 점검을 위한 비망록"의 영문 편지와 한문 편지의 대조를 통해 "Gan-keang"이 고대도 안항임을 또한 밝혀냈다. 마지막으로 본 저자가 제시한 또 하나의 결정적 증거는 1840년 작성된 영국 해군성 수로국(Hydrographic Office of the Admiralty)에서 작성한 해도인 "한반도 지도(The peninsular of Korea, London: R .B. Bate, Jan. 27. 1840)"이다. 이를 통해 "고대도 안항"에 정박

142　H. Lindsay, *Report*, 1834, 224.
143　『조선왕조실록』, 순조 32년(1832) 7월 21일(음력).

한 로드 애머스트호의 1832년의 항로를 정확히 파악할 수가 있었다. 이 결정적 증거들을 통해 본 저자는 "Gan-keang"이 다름 아닌 고대도 안항임을 명확히 규명했다.

로드 애머스트호에 동승한 귀츨라프는 "Gan-keang"으로 기록한 "고대도 안항"을 기점으로 하여 인근 섬들과 육지까지 본격적인 기독교 복음을 전했으며, 이미 필자의 저서인 『굿 모닝, 귀츨라프』(2014)에서 이미 고증했듯이,[144] 이곳 고대도 안항 정박지 선상에서 순조대왕에게 드릴 진상품을 포장했는데, 이 속에는 왕께 진상할 성경과 전도서적이 포함되어 있었다. 귀츨라프는 이 책들을 "기독교의 교리와 하나님과 예수님의 진실된 계시를 담은 책들"이라고 한다.[145] 귀츨라프가 "중국을 위한 호소(An appeal in behalf of China)"라는 글을 통해 스스로 밝힌 것처럼, 여러 진상품들과 함께 21권(volume)으로 된 성경 한 질과 전도서적 두 세트를 선물에 포함시켰다.[146] 이 성경은 다름 아닌 『신천성서』이다.[147] 고대도의 주민중에 기독교 서적(Christliche Bücher)을 얻기를 원하는 사람에게는 선물로 주었고, "한문으로 된 신약성경 견본을(Exemplare des chinesischen Neuen Testamentes)"을 고관과 평민들에게 나누어 주었다.[148] 1832년

---

144 오현기, 『굿 모닝, 귀츨라프』, 2014, 153f.

145 "books containing the doctrines of our religion and the true revelations of God and Jesus" H. Lindsay, *Report*, 254; "(…)天堂實學也為神天上帝耶穌所示默", 『척독류함정문서달충집』, 76.

146 K. Gützlaff, "An appeal in behalf of China," *American Board of Commissioners for Foreign Missions, Missionary Herald*, Vol. XXX (Boston: Crocker and Brewster 1834), 423.

147 『신천성서(神天聖書)재구유조서겸신유조서(載舊遺詔書兼新遺詔書)』(Malacca: Anglo-Chinese College, 1823).

148 K. Gützlaff, *Aufenthalt*, 1835, 251.

7월 27일에는 "고대도 안항" 정박지에서 한국 선교 역사상 의미 있는 사건 중 하나인 주기도문 번역이 이루어졌다. 이는 단편적이지만, 한글 성경 번역의 효시라 할 수 있다.[149] 귀츨라프는 또한 고대도에서 최초로 감자를 파종하는 방법을 주민 수백 명이 보는 앞에서 소개했다.[150] 일각에서는 고대도에 인구가 적어 수백 명이 모일 수 없다고 하며, 인구가 많은 원산도를 감자 파종지로 주장하지만, 18세기 조선 후기 문헌을 보더라도 당시 고대도에 인근 도서보다 주민이 많이 살았으며, 심지어 원산도보다도 인구가 많았음을 알 수 있다.

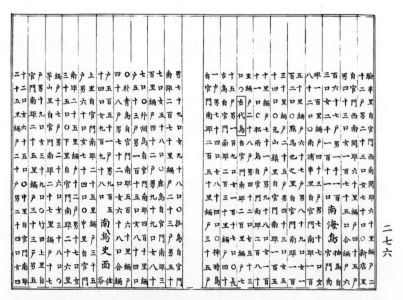

여지도서(輿地圖書), 忠淸道, 洪州牧(1760년경)

---

149   H. Lindsay, *Report*, 1834, 239.
150   린지는 감자 파종을 7월 27일, 귀츨라프는 이 사건을 7월 30일로 기록하고 있다.

위 여지도서(輿地圖書), 忠淸道, 洪州牧을 표로 만들면 다음과 같다.

섬명	가구수(호)	주민수(명)	남자(명)	여자(명)
古代島(고대도)	75	226	109	117
元山鎭里(원산진리)	71	209	98	111
長古島(장고도)	41	158	74	84
揷時島(삽시도)	35	177	79	98
鹿島(녹도)	42	186	99	87
外煙島(외연도)	53	199	115	84

여지도서(輿地圖書), 忠淸道, 洪州牧(1760년경)

7월 31일에는 감기에 걸린 노인을 위해 60명분의 약을 처방해 주기도 했다. 이는 서양 선교사로서 최초로 조선인들에게 근대의술을 베푼 것이다. 8월 12일 "고대도 안항"에서 퇴거하여 8월 17일 제주도 근처에 도착하기 전까지 고대도는 귀츨라프가 조선 방문 일정의 절반 이상을 들여 머물며 본격적인 선교를 진행한 곳이며, 고대도는 근처 도서의 선교를 위한 전초 기지였다. 그런 의미에서 고대도의 선교적 · 역사적 · 문화적 가치를 공고히 하여 고대도를 한국 최초의 정식 통상 요구선이 정박한 문화적 · 역사적 상징성을 지닌 곳일 뿐만 아니라, 한국 개신교 최초의 본격적 복음전래지로서의 위상을 재고하여야 할 것이다. 자랑스러운 기독교 선교 역사를 품은 섬, 하나님이 사랑하신 섬 고대도(God愛島)의 역사적 · 문화적 가치를 더 높여야 할 것이다.

Ethnologische Museen in Europa und Afrika

4,00 €
September

9|19

Politik & Kultur

Zeitung des Deutschen Kulturrates

www.politikundkultur.net

Quijote

Sie halten gerade die 106. Ausgabe von Politik & Kultur in der Hand. Eigentlich wollten wir die 100. Ausgabe feiern, aber das haben wir schlicht vergessen.

Seit mehr als eineinhalb Jahrzehnten erscheint unsere kulturpolitische Zeitung nun, zuerst nur viermal im Jahr, dann viele Jahre alle zwei Monate und seit Anfang dieses Jahres sogar zehnmal im Jahr. Gegründet wurde die Zeitung aus einem Akt der Notwehr, weil die klassischen Medien dem Thema Kulturpolitik immer weniger Platz einräumten. Dieser Trend hat sich in den letzten Jahren sogar noch verschärft.

Die Kulturseiten in den Zeitungen sind noch dünner geworden, die Übernahme von Agenturmeldungen hat noch einmal zugenommen und das bei einer Abnahme der Anzahl der zuliefernden Agenturen. Das Fernsehen hat sich fast gänzlich aus der ernsthaften kulturpolitischen Berichterstattung verabschiedet und selbst ein Nischenprogramm wie Kulturzeit auf 3sat hat sich dem feuilletonistischen Mainstream ergeben. Letztlich sind es nur noch die Kulturwellen im Hörfunk und einige wenige der großen Tageszeitungen, die die kulturpolitische Fahne manchmal hochhalten.

Die kulturpolitische Abstinenz der Medien hat tiefe Spuren in der Politik besonders des Bundes hinterlassen. Wenn Politiker sehen, dass ihre Themen medial keine Verbreitung erfahren, suchen sie neue Themen, die pressegefälliger sind. Jeder rote Teppich ist eine Meldung wert. Und selbst die kleinste Auszeichnung einer Buchhandlung, eines Theaters, eines Verlages bringt mehr Presseresonanz als kulturpolitische Debatten im Deutschen Bundestag. Das zeigt Wirkung!

Die Medien gestalten Kulturpolitik mit, nicht weil sie die Politik kontrollieren und kritisieren, sondern weil sie nur einen kleinen Teil der Kulturpolitik proklamieren.

Kulturpolitische Themen in den großen Nachrichtensendungen

Mission (im)possible?

Untrennbar verbunden: Kolonialismus und Mission
Seiten 17 bis 29

Wie sieht die Kulturnation des 21. Jahrhunderts aus?

Kulturpolitik in Zeiten der digitalen Globalisierung

RALPH BRINKHAUS

Kulturpolitik ist Spiegel der jeweiligen Zeit und des jeweiligen Landes. Sie kann im besten Fall bestimmte kulturelle und gesellschaftliche Entwicklungen befördern und zur Geltung bringen. Im Zeitalter der Globalisierung und Digitalisierung hat sich der eigene Kulturraum nicht verschoben, aber die Kultur – also das, was die Menschen gestaltet hervorbringen – überwindet durch die Digitalisierung geographische Räume in Echtzeit und ist zugleich neuen Einflüssen

Die Digitalisierung verändert Herstellung, aber auch Rezeption der Kultur durch die Bürger. Sie schafft neue Möglichkeiten, wie Kunst und Kultur entstehen. »Zeichentrickfilme« werden heute völlig anders hergestellt als in den 1960er und 1970er Jahren. Die neue Art elektronische Musik herzustellen, war Grundvoraussetzung dafür, dass Techno in den 1990er Jahren eine neue Jugendkultur werden konnte. Das Internet und seine Plattformen haben in den letzten Jahren viel Kunst- und Kulturschaffenden die Möglichkeit gegeben, ihre Werke einem breiteren Publikum bekannt zu machen. Film- und Streamingdienste

wenn es gerade passt und nicht mehr nach dem Zeitplan von Sendern. Aber, was bekommen die Menschen hier zu sehen und zu hören? Was wird ihnen zum Streaming oder auf dem E-Reader angeboten?

Bedeutung der Digitalisierung für das europäische Kulturgut

Die Dynamik der digitalen Veränderungen und die starke Stellung amerikanischer und asiatischer Plattformen führen dazu, dass es europäisches Kulturgut im digitalen Zeitalter auf den ersten Blick schwer

Der erste protestantische Missionar in Korea

Die Bedeutung Karl Gützlaffs

HYUN KI OH

Am 17. Juli 1832 kam ein westliches Schiff an die koreanische Küste. Der Name des Schiffes war Lord Amherst, es war das erste Schiff aus dem Westen, das für einen formellen Handel mit dem Ausland nach Korea kam. An Bord war auch der deutsche Missionar Karl Friedrich August Gützlaff. Er war mit pietistischer Missionstheologie ausgerüstet und fuhr als Schiffsarzt und Dolmetscher auf der Lord Amherst mit.

Seine Ausbildung hatte Gützlaff an der 1800 gegründeten Berliner Missionsschule empfangen. Danach studierte er kurzzeitlich an der Berliner Universität. Drei Jahre lang machte er ein Missionspraktikum bei der 1797 gegründeten »Netherlands Missionary Society« in Rotterdam. Danach wirkte er als selbstständiger Freimissionar.

Mit drei Motiven reiste Gützlaff nach China. Zu seiner ersten Missionsreise ging er 1832 an Bord des 507-Tonnen-Seglers Lord Amherst der Ostindien-Kompanie.

Am Nachmittag des 17. Juli 1832 ging die Lord Amherst an der koreanischen Insel Monggeumdo, Hwanghae Provinz, vor Anker. Anschließend segelte die Lord Amherst an der westlichen Küste der koreanischen Halbinsel entlang. Am 25. Juli 1832 erreichte das Schiff die Insel Godaedo in der Provinz Chungcheong und ankerte in der »Gan-koang« oder »Gang-kiang«, was übersetzt »ein sicherer Ankerplatz« bedeutet. Von diesem Platz aus entwickelte Gützlaff einen intensiven Austausch mit den einheimischen Insel- und Küstenbewohnern.

Obwohl Gützlaff nur für einen Monat, vom 17. Juli bis 17. August 1832, in Korea war, hat er in der koreanischen Missionsgeschichte bedeutende Spuren hinterlassen.

Dazu werden folgende sechs, für die Geschichte Koreas bedeutsame Meilensteine gezählt: Erstens war er der erste protestantische Missionar Koreas zugleich der erste Deutsche in Korea. Gützlaff kam 34 Jahre vor dem späteren ermordeten englischen Missionar Robert Jermain Thomas, 52 Jahre vor dem amerikanischen Medizinmissionar Horace Newton Allen sowie 53 Jahre vor den amerikanischen Missionaren Horace Grant Underwood und Henry Gerhard Appenzeller nach Korea.

Und dennoch werden Underwood und Appenzeller – entgegen dem auch westlichen geschichtlichen Gegebenheiten – von der koreanischen Kirche bisher immer noch als »erste protestantische Missionare in Korea« genannt. Tatsächlich aber war Karl Gützlaff der erste protestantische Missionar in Korea!

Zweitens versuchte er als Erster eine Vater-Unser-Übersetzung ins Koreanische: Am 27. Juli 1832 schrieb der junge Koreaner Yang-Pil, der Sekretär des höheren Beamten von Korea, alle Buchstaben der koreanischen Sprache für Gützlaff auf. Mit dieser Hilfe notierte Gützlaff auf, den jungen Mann das Vater Unser auf Chinesisch und bat ihm anschließend, den Text ins Koreanische zu übersetzen. Diese erste Übersetzung gilt als kleiner, aber bedeutsamer erster Schritt in der koreanischen Übersetzungsgeschichte der christlichen Bibel.

Drittens übergab Gützlaff die erste chinesische Bibel und chinesische christliche Bücher. 1823 schenkte Gützlaff dem koreanischen König Sunjo die von Robert Morrison und William Milne übersetzte christlich-protestantische Bibel. Sthen über übersetzte weitere Missionstraktate. Während seines Aufenthalts in Korea verteilte er möglichst viele der Exemplare des chinesischen Neuen Testamentes, die christlichen Bücher und Traktate. Er gilt als erster Vertreter von Bibeln und christlichen Texten in chinesischer Sprache.

Viertens nahm er die erste systematische Vorstellung der Exzellenz der koreanischen Schrift, »Hangeul« vor. Das heißt, Gützlaff wusste, dass Korea eigene und einzigartige Schriften hat. Und er stellte die koreanische Schrift »Hangeul« zum ersten Mal ausführlich und wissenschaftlich im Westen vor. In November 1832 veröffentlichte er auf Englisch einen mit »Remarks on the Corean Language« überschriebenen Artikel über die koreanische Sprache. Der Beitrag erschien in dem von Robert Morrisson redigierten Missionsmagazin »The Chinese Repository«. Dieser englischsprachige Artikel wurde von ihm zum Teil ins Deutsche übersetzt. So kommt Gützlaff durch seine Vorstellung wichtiger koreanischer Texte auch auf Deutsch eine bedeutende Rolle als Kulturvermittler zu.

Fünftens baute er die erste Kartoffeln in Korea an. In der deutschen Version von »Gützlaffs Bericht über drei Reisen in den Seeprovinzen Chinas 1831-1833« werden Armut und schlechte Hygiene in Korea beschrieben. Pietistischen Glaubensgrundsätzen folgend, zeigte Gützlaff den zum unter mangelnder Ernährung leidenden Koreanern, wie man Kartoffeln anbaut und Salz aus Wildtrauben macht.

Sechstens war er der erste westliche Missionar, der Koreaner mit westlicher Medizin behandelte. Als Schiffsarzt war Gützlaff mit westlicher Medizin vertraut. Zugleich beschäftigte er sich mit traditionellen Heilmethoden. So gelang es ihm, in der kurzen Zeit seines Aufenthalts mehr als 60 Patienten mit Erfolg zu behandeln.

Doch warum lohnt es sich, sich in unserer Zeit mit Karl Gützlaff auseinandersetzen?

Erstens, durch seinen Besuch in Korea, wurde der koreanische Protestantismus nicht nur von evangelischen Erbschaften aus Amerika beeinflusst, sondern auch durch die deutsche Erweckungsbewegung. Die Herkunft der westlichen Kultur in Südkorea hat also nicht nur amerikanische Wurzeln.

Zweitens, Gützlaff war in seiner Korea-Mission ein Vorreiter eines modernen Verständnisses von Mission. Es ging ihm nicht darum, eine fremde Religion und Kultur zu verändern. Sondern er bemühte sich durch seine Sprach- und Kulturstudien und durch seine medizinische Fürsorge um eine ganzheitliche Sicht. Er wollte das Evangelium in den Bedürfnissen der Kultur verkünden.

Drittens, wir brauchen in unserem 21. Jahrhundert einen neuen Gützlaff. Um das Evangelium effektiv zu nutzen, brauchen wir eine neue Alternative in unserer Welt, wobei es um viel Kulturaustausch und die schnelle Veränderung von Selbst- und Fremdbildern geht. Gützlaff hat niemals die Einheimischen in ihrer lokalen Kultur ignoriert oder zur Kultur des Westens gezwungen. Er lebte mit den Einheimischen und suchte den Kontakt auf Augenhöhe. Diesen Ansatz der kulturellen Angleichung setzt seiner Wertkundigung verfolgte er auch in China, wo er in Fischerkleidung herumlief. So versuchte er, das Evangelium in der ihm fremden Kultur zu kommunizieren. Er würdigte alle Kulturen und versuchte, sie zu verstehen. Er verfolgte keine Eroberung und keinen Zwang in seiner Mission, sondern versuchte zu verstehen und Zeugnis zu geben.

Dies ist ein wichtiger Punkt, der ihn von manchen westlichen Missionaren unterscheidet. Und hier sollten wir seine Stimme hören, die die Bedeutung des Kulturaustausches betont. Es ist klar, dass Gützlaff in diesem Bereich ein Pionier war. Es wäre schön, in den historischen Bewertungen des Missionars Gützlaffs dies neu zu würdigen und über seine Missionen neue Diskussionen zu führen. Da er uns 1832 mit dem Evangelium berührt hat, sind wir an der Reihe, seinen verborgenen Ruf und seine historische Bedeutung wieder ans Licht zu bringen.

In diesem Sinne ist die Lichtinstallation der Berliner Bethlehemskirche »Memoria Urbana«, die 2012 vom spanischen Künstler Juan Garaizabal in der Mitte von Berlin errichtet wurde, auch für uns Koreaner von großer Bedeutung. Ein berühmter Prediger dieser böhmisch-lutherischen Bethlehemsgemeinde war Johannes Jänicke, Gründer der ersten deutschen Missionsschule. Zu seinen wichtigen Zöglingen gehörte Karl Gützlaff. Darum hat meine presbyterianische Dongil-Gemeinde in Daegu eine Kopie dieses Werkes der »Memoria Urbana« des 2012 von spanischen Künstler Juan Garaizabal im Jahr 2016 auf der Insel Godaedo in Korea errichten lassen. Hier war Karl Gützlaff angekommen. Die Installation auf der Insel Godaedo ist eine Verbindung nach Berlin und eine tiefe Erinnerung an den ersten protestantischen Missionar und den ersten Deutschen Karl Gützlaff in Korea: »Er erweckte uns, jetzt erwecken wir ihn.«

Hyun Ki Oh ist Hauptpastor der Dongil presbyterianischen Kirchengemeinde in Daegu in Südkorea und Vorsitzender der Karl Gützlaff Gesellschaft

독일문화예술인협회(Deutscher Kulturrat)에서 발행하는 신문인
『정치와 문화(Politik & Kultur)』 2019년 9월호에 실린 저자의 기고문.
제목: "한국의 첫 번째 개신교 선교사, 칼 귀츨라프의 의미".

제5장
귀츨라프의 조선선교 방문기 비교

* ( )은 페이지, Gutz.는 귀츨라프, Lind.는 린지.

날짜	장소 및 서명	Gützlaff, Karl. C. Gützlaffs Missionars der Evangelischen Kirche, dreijähriger Aufenthalt im Königreich Siam nebst einer kurzen Beschreibung seiner drei reisen in den Seeprovinzen Chinas in des Jahren 1831-1833, Basel 1835. (독문 항해기)	Gützlaff, Charles. The Journal of Three Voyages along the Coast of China in 1831, 1832 and 1833, 1. ed., London: Frederick Westley and A. H. Davis 1834. (영문 항해기)	Lindsay, Hugh H. & Gützlaff, Carl F. Report of proceedings on a voyage to the northern ports of China, in the ship Lord Amherst: London: Fellowes, 1833. (복중국 항해기)
7월 17일 (음력 6월 20일)	황해도 장산(長山), 조이진(助泥鎭)	조선의 기본적 역사 언급함. 조선역사에 정통함. 조선으로 오면서 예수회 수사가 만든 지도 참조. 바실만(Basilbay) 북쪽 장산(Tschwang-schang) (245와 부록지도)에 정박. 가의 빗은 두 사람이 탄 한 척의 어선 발견. 한자로 의사소통. 몇 권의 책과 몇 개의 단추(einige Knöpfe)를 선물함. 상륙하자마자 몇 명의 가주민들(einige Eingeborne)에게 가로막 함.(245) 그중 한 사람은 긴 연설을 함. 오두막 접을 보기 위해 더 깊숙이 들어가자 조선인들이 막아섬.	조선의 기본적 역사 언급 예수회 수사가 만든 지도를 참조 가토릭 박해소식에 정통함. 바실만 북쪽의 Chwang-shan 도착.(320) 해변에 올라가 남루한 옷을 입은 두 조선인을 만나 한 노인에게 책 몇 권과 사자무늬단추 (Lion botton, 영국 동인도 회사의 사자형상 문장이 세겨진 단추를 줌. 지팡이 드 노인을 만남. 그가 "tshoa(좌)"란 말을 반복함. (독문 항해기에는 없음) 그가 긴 연설을 함. 중국말을 아는 청년이 통역함. 마을로 가자 조선인들이 막아섬. 언덕에서 내려가자 조선인들(독문 항해기) 에는 담뱃잎 Gutz. 일행에게 담뱃대와 담배(독문 항해기) 에는 담뱃잎 만 기록함.	아침 10시에 조선이 보임. 대청군도 (Sir James Hall's Group) 북쪽으로 돌섬과 구별되는 큰 섬(내 몽금도)의 높은 절벽을 마주보고 정박. 그 섬을 탐방함. 오후 5시에 Gutz.와 Lind.는 배에서 내림. 해안에서 작은 어선을 만남. 어부는 필담으로 장산 퐁상 (Chang-Shan Pung-shang)이라 적어 줌. 그들에게 책 한 권과 사자무늬 단추 몇 개를 줌. 답례로 물고기 몇 마리를 받음. Lind.는 조선국왕에게 보낼 청원편지 전문을 작성. Lind.는 자신의 이름을 "Hoo Hae-me"로 포기. 주후 1832년 7월 17일, 도광 12년 6월 20 이라고 병기함. (216f.)

귀츨라프 ON 고대도

| 7월 18일
(음력 6월
21일) | 황해도
장산,
조이진 | 다른 날 (Am andren Tag, 영문 항해기를 비교할 때 7월 18일)에 언덕에서 본 한 마을로 감. 그곳에서 주민들의 이부를 관찰함.(245)
상투 틀고 모자(갓)을 쓴 사람의 기혼자, 땋은 머리는 미혼자라고 앎. 유럽 무기 소지자를 봄. Gutz.는 200년 전 하멜이 조선표류를 언급했고, "수도에는 현재 유럽인이 없으며, 기독교라는 이름 자체도 언급되지 않았다"라고 기록함.
천주교의 박해소식과 조선의 쇄국정책에 대해 쓰고 있음.
Gutz. 일행이 한 마을에 갔을 때, 조선인들이 식량을 사고 국왕께 드리는 편지를 전달하는 것을 돕기 위해 관원의 집(die Wohnung der Bemanten)으로 데려 갔으나, 떠나지 않으면 군인을 부르고, 공격할 것임을 말함. 몇 명의 목에 베는 시늉을 함.(247)
조선인들에게 책을 줬을 때 "Pulga"라고 말하며 돌려줌.(247)
세상 사람들은 "세상에서 가장 적개심을 가진 민족(Das feindseligste Volk auf der Erde)"이라 생각하지만, Gutz.는 원래 한국인의 이름을 알게 됨. 외국인과 접촉시 사형을 당하기 | 어제 언덕에서 본 마을을 향해 출발함. 마을로 가는 길을 맞음.
여성들에 대한 판단: 남편들에게 눌려서 지위가 낮아졌다고 생각함.
유럽에서 제작된 총을 가진 사람을 만남. 화약통을 가지고 있음. 예수회에 대한 언급.
Gutz.는 하멜표류기를 알고 있음. 예수회에 대한 언급.
Gutz.는 "수도에는 유럽인이 전혀 없고, 기독교는 그 명칭조차도 알려지지 않았다"고 평가.
신분이 높은 복장을 한 주민 몇 사람을 만남. 그들에게 국왕에게 청원서 전달 계획을 알림. 이유: 그들을 정중히 대할 것이라 여겼기 때문. 서로 교담을 주고 받음.
Gutz.일행이 의도를 전달할 수 있는 제일 높은 관리들을 만날 수 있도록 한 군사를 불러 달라 청함. 그 사람들은 군사를 불러 올 것이고 생명이 위험할 것이라고 협박함.
단추와 책을 선물 을 주었더니 목을 베는 시늉을 함. 더러는 단추를 몰래 주머니에 넣었고, 더러는 책을 받아 갔다가 곧 돌아서서 "불가"를 외침. Gutz.는 불 또는 물로 태워 버리라고 해서 함. 책을 직접 전달 할 기회가 거의 없었음.(325) | 아침 해 뜰 무렵 상륙 내륙 1마일 거리 마을로 접근함. 조선인들이 맞서 나와 진입을 반대함. 조총과 화약을 들고 나온 사람도 있음. 무 노인이 나와 앉음.
보트들(급수선들)에서 8명이 하선 (보트들에 남은 사람 6명). Gutz.를 제외한 모든 사람이 단검과 권총으로 무장함. 조선인이 거의 200명 몰려듬. 사랑을 펼치 않음. 시자만 니 단추와 옷향목 같은 작은 선물을 주었지만 받지 않음. 조선인들은 Gutz. 떠날 것을 요구하고 목을 베는 시늉을 함.(220) |

날짜	장소 및 서명	Gützlaff, Karl. (독문 항해기)	Gutzlaff, Charles. (영문 항해기)	Lindsay, Hugh H. & Gützlaff, Carl F. (복종국 항해기)
		때문에 외국인을 조심한다는 것을 앎. (247f.) 한 큰 어선은 매우 낡아서 나후하여 대양에서는 사용할 수 없는 낡은 배로 관찰됨. 선물한 책에 대한 답례로, 선원들이 담뱃잎(Tabaksblätter)을 선물로 줌.	정박 중인 큰 어선을 방문하여 어부를 만남. 책을 선물함. 담뱃잎으로 답례함. 친절하고 정중한 모습에서 Gutz.는 원래 한국인의 외국인을 대하는 조선인들의 성품을 앎.	
7월 19일 -20일 (음력 6월 22-23일)		기록 없음	기록 없음	폭우와 흐린 날씨로 인해 가까운 해안으로 접근할 수 없었음. (220)
7월 21일 (음력 6월 24일)	외연도 (外煙島) 일대	기록 없음	기록 없음	날씨가 조금 맑음. 남동쪽에 여러 섬이 보임. 정오, 1816년 바실 홀 선장이 기록한 테이블산이 보임. 본토에서 10마일 떨어져 있는 섬들을 통과. 통과한 섬은 인구가 적었음. 오후 5시, 바실만(Basil bay)에 속하는 지점에 정박. 안개를 동반한 남풍이 너무 심해 가시거리가 1000피트 밖에 안 됨. 항해에 장애가 됨.
7월 22일		기록 없음	기록 없음	기록 없음

7월 23일 (음력 6월 26일)	외연도 일대 녹도 (鹿島)	해안가의 여러 섬 사이를 항해함. 그 섬 중에 어느 높은 산에 오름. 그 섬에서 갈색 현무암 기둥들을 봄. 다른 폐허들(Ruinen: 자연에 대한 평가)은 고딕양식으로 만들어진 교회 모양을 하고 있었음.(248) 물개(물범)를 포획함. 이는 배에 연료용으로 쓸 신선한 기름으로 비축하기 위함.(248) 큰 돛단배가 나타나서 그 배의 사공들(Ruderer)이 쪽지를 전달함. 배에 탄 사람들이 어느 나라에서 왔는지 묻고, 위험한 그곳을 떠나 "Bay Gan-kiang"으로 가라고 요청함. (248) 이들의 지도자는 매우 수다스러움(Der Anführer dieser Gesellschaft war sehr gesprächig). 그들은 중국 돈은 봤으나 탈러(Taler)는 본일이 없다고 함.(249) 그중 한 사람은 고유의 발음으로(nach volkstümlichen Aussprach) 한문책을 막힘없이 빠르게 읽음. 그는 다방면으로 교육을 받은 것처럼 보임(Er verrieth mannigfaltige Bildung). (249) (참고) 밑줄은 Gutz.의 영문 항해기의 7월 24일에 해당하는 내용.	남쪽으로 계속 항해 여러 섬과 암반 사이에 닻을 내림.(327) 물개를 총으로 잡아 갑판에서 쓸 충분한 양의 기름으로 사용. 계속되는 안개 때문에 항해가 위험해짐. 오후에 안개가 잠시 걷히자 마을에서 어부 몇 사람이 배에 찾아옴. 그들이 해안으로 초청함. 소금에 절인 건어물과 몽골족이 흔히 마시는 신맛이 나는 술(막걸리)로 융숭한 접대를 받음. 인도출신 선원들도 함께 감.(328) 모든 대화는 조선인의 말과 발음은 다르지만, 같은 뜻을 지닌 한자로 진행함.(329)	배 몇 척이 이웃 마을에서 방문 옴. 한문을 아는 사람 없음. 그들에게 포도주를 대접함. 배를 구경시켜준 후 함께 해안으로 감. (221) 이곳 사람들은 거칠고 무례하지 않음. 마을에 들어가서 술과 생선을 대접 받음. 비와 안개가 심함. 섬을 둘러보지 못함.

날짜	장소 및 서명	Gützlaff, Karl. (독문 항해기)	Gützlaff, Charles. (영문 항해기)	Lindsay, Hugh H. & Gützlaff, Carl F. (북중국 항해기)
7월 24일 (음력 6월 27일)	불모도 (不毛島) = 일명 동소도 (東小島)	기록 없음	큰 배가 가까이 옴. 방문자들은 안심시키려는 편지를 건넴. 선실로 들어와 럼주를 마심. 지금 대단히 위험한 곳에 정박하고 있다고 알림. 그들이 Gan-keang으로 불리는 Bay로 데리고 갈 것을 설명함: 그곳에는 안전하게 정박 가능. 고관 만나 통상업무 및 식량을 구할 수 있다고 함. 일기가 불순해서 내일 그들의 지시를 따르겠다함.(329) 국왕의 이름은 밝히지 않음. 그는 36년간 집권했고 3000개 도시를 통치한다함. 일행 중 한명이 유창하게 중국 고전 한 편 암송함. 달러는 모르고 중국 화폐는 알고 있으며, 엽전(cash)이 통용되고 있다함. 1년에 4번 중국에 조공하는 것을 인정함.	안개와 나쁜 날씨 계속됨. 몇 척의 배가 로드 애머스트호로 방문 옴. 한자를 아는 사람이 동승함. 그는 "안전한 항구"로 안내를 제안함. 그곳에서 그 문서를 고관에게 전할 수 있다고 함. 그의 이름은 등노(Teng-no)임. 등노는 30리, 즉 10마일 거리에 떨어진 항구로 이동할 것을 제촉함. Lind. 일행은 배가 크고, 날씨가 흐리고 불순하여 당장에 출발할 수 없지만, 안전한 항구로 이끌겠다는 제안을 받아들이겠다고 함. 조선인들이 조선의 수도의 명칭을 경기도 한양(Keng-ke tao Han yang)이라 함. 정박지에서 수도까지는 300리라 함. 조선의 국왕은 300개의 도읍을 다스리고, 나이는 43세이 32년간 재위하고 있음을 알려줌. 등노와 같이 온 사람들에게 우양목과 모직을 선물로 줌. 모두 따라온 선원들에게 사자무늬 단추를 하나씩 선물. 포도주와 럼주를 마시며 선상에 몇 시간 머물다가 떠남.

| 7월 25일 (음력 6월 28일) | 고대도 안항 (古代島 安港) | 다음날 (am folgenden Tag) 지금 정박한 곳에서 Gan-kiang으로 떠남. 그리고 안전한 항구를 찾음. 그 곳 사람들은 Gutz. 일행이 도착을 반기며, 고관을 곧 만날 수 있을 것을 약속함. 그것을 통해 황제께 드리는 청원편지를 전달할 것으로 기대함. (249)

그들이 말한 정보: 국가의 수도는 (King kitao) 단지 300리(Lis, 36 시간) 떨어져 있어 곧 답을 받을 것이라고 함.
조선인들은 우호적으로 행했고 (249) Gutz. 일행으로 하여금 그들에게 온 것이 헛되지 않았다는 희망을 가지도록 했음. (249)

(참고) 영문 Gutz. 항해기에는 36시간이란 말이 없음. 독문에만 있음. | 구름이 걷히고 다시 햇살이 비치는 좋은 날씨가 됨. 에머스트호에 조선의 항해사들이 탑승함. 그 항해사들은 술을 마시고 운행함. 항해사의 수는 많았으나, 목적지를 아는 사람은 단 한 명이었음. 순풍과 잔잔한 파도를 타고 항해함. 곧 "Gan-keang" (고대도 안항)에 도착함. (330)

닻을 내리자 마지 몇 사람의 관리를 태운 배들이 다가옴.
관리로 자처하는 양이(Yang-chih)와 등노(Teng-no)가 함께 방문함. (330) 등노가 이미 기록한 질문과 답변을 정리함.
수도는 물과 300리(니)라 하니 곧 빠르게 회신을 받을 것을 기대함. (영문에는 King kitao 언급 없음)

"그들은 우리가 온 것을 즐겁게 여겼다. (…) 그들은 특히 우리들이 우리를 얻기 위하여 왔었다. 우리가 온 것이 헛되지 않았다는 큰 희망을을 갖게 되었다." (331) | 날씨가 좋아지자 등노가 다시 배(로드 에머스트)로 와서 배의 이동을 요구. 동북방향으로 항해 그를 통해 전에 정박했던 곳이 "녹도"(lok-tao)임을 알게 됨. (224)

녹도에서 7마일 가량 떨어진 섬들을 통과함. 수심이 깊은 만 또는 넓은 섬들이 사이 동북방향으로 항함. 고관이 머물고 있다고 들은 큰 마을 가까운 곳에 정박함. 많은 배들이 다가옴. 두 명이 고관이 내일 방문을 할 것을 통보 받음. 고관의 비서라 하는 양의(Yang-yih)를 만남. (224) |

날짜	장소 및 서명	Gützlaff, Karl. (독문 항해기)	Gutzlaff, Charles. (영문 항해기)	Lindsay, Hugh H. & Gützlaff, Carl F. (북중국 항해기)
7월 26일 (음력 6월 29일)	고대도	성경 한 질과 전도책자(ein Exemplar des Bibelbuches와 der sämtlichen Traktate)을 선물로 챙겨라 그 의미를 기록.(249): 조선인들이 전도책자들을 매우 강한 호기심으로 받아들임. 이 땅의 왕에게도 하나님의 마음으로 축복을 전할 수 있다는 희망을 가짐. 7월 24일 함께 진상을 약속했던 그들이 기한을 300Lis(36시간)에서 1,000Lis(120 시간)으로 늘려 잡음. Gutz.는 외국인들에게 수도를 알리지 않으려는 의도로 파악함.(250) 하나님의 말씀에 대한 호응과 기대: "지금까지 기쁘게도 이 민족은 우리의 책들을 매우 강한 호기심을 가지고 받아 들었고 나는 이 땅의 왕에게도 하나님의 말씀으로 축복을 전할 수 있다는 희망을 가질 수 있었다. 하나님이 그의 아들 예수 그리스도를 통하여 온한 세상에 선포하셨던 하나님 사랑이 증거로서 과연 어떠한 광경받은 선물이 국왕에게 주어질 것인가!"(249)	새로 건조한 배가 다가옴. 두 고관, Kin(수군우후 김응수)이라는 성의 군관과 Le(홍주목사 이민회) 씨 성의 문관의 방문을 받음.(333) 그들은 출항시기 문의. 오랜 항해에 대한 위로를 함. 영국라 인도에 대해 설명함. 두 고관의 질문은 극히 간단하고 사소함. 저녁에 낮은 상에 놓인 잡시가 배로 운반되어 옴. 마른 물고기, 간장, 술 이 일에 맞지 않아 거절함. 왕의 진상품을 한나절 넘게 포장함. Lind.의 제안: "성경 한질과 Gutz.가 가져온 모든 책자 각 한 부씩을 포장하여 국왕에 대한 예물로 할 것을 제안"함. 감관 위로 찾아온 사람들 나누어 준 책(전도 책자)를 기쁘게 받음.(332) 양의와 등노를 대동하고 예물을 전달하러 감. 고관들이 없었음. 진상품은 우리그릇, 옥양목, 너타 모자을 담요, 붉은 비단으로 선 한문 편지 등.	등노와 양의가 고관들이 오고 있다는 사실을 알려주려고 방문. 김대인(Kin Tajin(金大人; 수군우후 김응수)과 이 대노야(Le Ta laou yay: 李大老爺(청대에 주현의 지사를 높여 부르는 말), 홍주목사 이민회)라는 이름을 가진 목사(a civil chief)가 방문함. 김응수는 60세 노신사로 파악함. 이민회는 근엄한 회수염을 가진 노쇠한 노인으로 파악함. Lind. 일행이 어디서 왔는지, 내한 목적이 무엇인 질문을 함. 여기 온 목적이 통상을 위함이라 그들에게 알려 줌. Lind.는 오후에 서한과 예물을 공식적으로 전달하고 싶다고 말함.(225) 그들에게 코담배갑(Musical snuff-boxes)과 그림 그리고 다른 물건들을 보여주니 그들이 매우 즐거워하였고 만족해함. 오후에 서한과 예물을 가지고 해안에 상륙하겠다는 뜻을 알림. 양의와 등노는 배에 머물다가 수행하는 것을 제안하자 김노인(김응수)이 좋다고 함. 국왕에게 보낼 선물을 양의와 등노가 보는 앞에서 꾸림. 예물목록 기록함.(226) 오후

4시 조금 전 Gutz.와 Simpson, Stephens와 양의 그리고 등노와 함께 고란이 임시로 거주하는 마을로 감. 약 50명의 험악한 표정을 짓고 있는 조선인들이 둘러서 있는 해안에 도착함. 대부분이 참수의 시늉을 함. 떠나라고 강요함. 양의는 고란이 촐타중이라고 필담으로 전함. Lind. 일행은 마을로 향하기 위해 어슬길로 접어듦. 두 명이 병사가 나팔을 불며 (정색 옷 붉은 실로 꼰 줄을 매단 용단 모자착용) 막음. 서로 대치함.(227)	잠시 후 늙은 목사(홍주목사 이민회)와 김(수군우후 김형수)가 가마를 타고 옴. 해안에 20명이 차양을 세우는 곳으로 가처하여 Lind. 일행이 뒤따르다가 마루가 있는 집에 들어감. 군인 4명이 큰 모자를 쓴 남자를 잡아 태형을 가하려함. Lind. 일행 중 제격이 좋은 흑인 (negro)이 매를 빼앗아 멀리 던짐. 200명이 넘는 사람이 이를 봄. 돗자리 위에 호피가 갈려진 바닷가 차양을 위한 텐트(shed) 안에서 국왕 예게 드릴 서신을 홍주목사 이민회에게 전달함.(230) 그러나 누추한 곳에서 서한과 예물전달의 부당성을 지적함.
고란을 만나지 못해 기다리는 동안 마을로 들어가는 오솔길 진입함. 병졸 만남. 나팔을 불기 시작함. Lind.는 한 민가로 들어감. 고란들이 나타남 (수군우후 김형수와 홍주목사 이민회) 오솔길 지키던 군졸이 태장에 처해질 위함에 처함. Gutz.일행이 향하여 처벌 면하게 함. 마을 사람들은 인도적 이 행위로 (this act of humanity) 인하여 기뻐함. (334) 진상품을 전달하려 할 때: 1) 조선인들이 해변에 차양을 위한 텐트(shed) 침(Gutz. 일행은 이를 마련하다 항의함): 공무는 실내에서 해야 한다 주장하여 관철시킴.	
7월 26일 (계속)	고대도

날짜	장소 및 서명	Gützlaff, Karl. (독문 항해기)	Gutzlaff, Charles. (영문 항해기)	Lindsay, Hugh H. & Gützlaff, Carl F. (북중국 항해기)
			2) 어떤 집의 집안으로 들어갈 때 한 병졸이 고관 앞에 앞드려 불기를 두 대를 맞음. 서한과 예물을 공식적으로 전달함. 마늘과 술을 대접받음. 고관은 물품을 신속하게 진상하겠다고 약속함. 배로 돼지 두 마리와 생강과 쌀을 보내옴.	함. 전달식에는 Lind.와 Gutz. 그리고 신순과 스티븐스가 참여하기로 하되됨. Gutz.일행은 마을로 조대받음. 한사람이 몰려와서 공무를 잘못 처리하고 Lind.일행에게 무례히 하였다고 곤장 두 대를 맞음. 어떤 집에 돗자리가 펼쳐져 있고, 이곳에서 포장된 예물과 서신을 전달함. 관리들이 내일 다시 배로 방문하겠다 함. 배로 돌아오는 길에 태형에서 구출되었던 사람이 고맙다는 인사를 함. 배로 돌아가는 길에 대부분의 사람들이 함께 머여 얼굴 높이까지 두 손을 들고 박수를 치며 환송해 줌. 모든 상황이 우호적임.(232) 우호의 표시로 이미 점은 상찍 돼지 2마리, 쌀 한 자루, 약간의 아채들이 도착함. 저녁 8시 두 비서(양의, 등노,)가 다시 배로 찾아옴. 화물, 승무원들의 이름 배의 규모등을 물음. 한자도 배우지만, 자신들이 문자도 있다 함. 종교는 대부분 중국에서 왔다 함. 자신들은 순수 유교를 신봉하는 사람이며, 그들의 마을에는 공자와 맹자를 위한 사당이 있다고 함.

| 7월 27일 (음력 7월 1일) | 고대도 | 주민들이 Gtz. 일행이 고대도를 돌아보는 것을 미뤘지만 돌아봄(250) 풀과 약초(Kräutern)가 많이 자라 있었음. 염소의 목양지로 좋으나, 한 마리도 보지 못함. 땅에 대하여 중국과 비교하여 극찬함.(250) 주민들이 말하길: 유교가 민간신앙을 타교(?)한다고 함.(251) 사당을 세우고 교조에 대한 경외심으로 사당을 세웠고, 그의 가르침은 그릇됨이 없다고 간주했다. 그리고 그들은 우상의 형상을 섬기면서도 불교도 중오했다.(251), 도교(Ta-au)는 알지 못함. 영혼의 불멸 믿지만, 정리되지 못한 개념을 줌.(251) 주민들이 집을 방문. 우상 숭배나 종교적 도구를 보지 못함(251) 예수 그리스도에 관해 전도함. (251) 신약성경의 견본들 (Exemplaren des christlichen Neuen Testament)을 주민들에게 선물함. 고린도에 의한 접근 금지령 내림.(252) "우리는 인류의 구세주에 관해 그들과 함께 자주 토론를 기회를 가졌다. 그리고 그들은 우리와 가까이 그리고 여러 번 하나님의 아들, 예수 그리스도 또한 너희들의 구원자이시다'라는 대화를 또한 나누었는데, 최소한의 감정도 드러내는 일이 없었다". | 등노와 양이가 와서 모든 선원이 이름과 나이를 또 다시 자세히 적어감. 장산에 들렀을 때 무슨 말을 했는지 왜 서신을 전달하지 않았는지 물음. 두 고관과 저녁 식사함. Lee(홍주목사 이민회)는 거칠게 행동. Gutz. 일행이 해안으로 전임함. 군졸이 제지함. 목을 베는 시늉과 배를 가르는 시늉을 함. 등노(Teng-no)가 군졸을 꾸짖음.(독문 항해기에는 없음) 섬 전체를 돌아봄: 마을 인접 지역만 경작. 더 넓은 지역 풀과 목초로 무성 염소를 기르기에 좋은 조치. 그러나 염소는 보지 못함. 중국과 비교한 경작지 평가. 비옥한데 조자개간이 안 됨. 이 섬이 외딴 곳에 있어 식물가 있는 곳으로 둘를 위한 풍부한 자료가 있는 곳으로 여김. 언덕 위의 석조건물(337): 나중에 신당(a temple)임을 알게 됨. 죽은 자의 말 없는 유택(공동묘지)를 지나서 올라감. 독사가 한 마리 갑자기 나타남. Lind.가 좋으로 쳐서 죽임.(독문 항해기에는 이 내용 없음) 등노와 양이가 방문함. 타고 온 배(로드 애머스트호)에 대해 자세히 물음. 인류의 구세주에 관해 복음을 전함 기회가 많았으며, 기독교가 시작된 내력을 소개함. | 김대인(수군우후 김형수) 이대인(홍주목사 이민회)이 다시 배에 와서 여러 가지를 물음. 조선의 쇄국 정치에 대하여 의견을 교환함. 김대인과 다른 관리들이 배(로드 애머스트호)에서 함께 식사함. 그들에게 선물을 줌. 저녁식사 후 감자를 심기 위해 성토함. Gutz.는 감자재배법을 한문으로 자세히 미리 적어놓았음. 가능한 한 가장 좋은 땅을 찾아 백 개 이상의 감자를 심음. 수 백 명의 주민들이 돌라서서 놀라는 눈으로 지켜봄. 재배법을 작은 종이를 땅 주인에게 줌. 그는 잘 돌보겠다고 약속함. 조선의 토양과 기후가 감자재배에에 적합하다고 봄. 관리들이 해안에 앉아 Lind. 일행을 기다리고 있었음. 관리들과 함께 앉아 술을 마심. (236) 양이에게 한글자모를 쓰게 함. Gutz.가 한문으로 주기도문을 쓰자, 한글로 토를 달고 한글로 번역. 양이는 목도 달아날 것을 사용함. 그의 모든 앞에서 상자 속에 넣어 접음. (239) 여러 한자에 해당하는 한글을 입수하는 데 성공함. |

날짜	장소 및 서명	Gützlaff, Karl. (독문 항해기)	Gutzlaff, Charles. (영문 항해기)	Lindsay, Hugh H. & Gützlaff, Carl F. (북중국 항해기)
			예수 그리스도와 전능하신 하나님이 그들의 구원자라는 사실을 들여 주고 읽어줌. 별 관심을 보이지 않음. (339)	
7월 27일 (계속)	고대도	이러한 마음이 완고함은 영적 무신경의 슬픈 증거로서, 조선 주민에게 널리 퍼져 있는 듯이 보인다고 함. 하지만 Gutz.는 그들 중에 기독교 서적을 받고 싶어하는 사람들에게는 한문으로 된 신약성경이 몇몇 전본을 선물함. 그들은 그것을 자세히 읽고 조심해서 간직하겠다고 약속함. 후에 Gutz.는 어떤 고관이 방문자들에게 그에게서 책을 받는 그것조차도 금지했다는 것을 들음. 그때부터 사람들은 그를 가까이하는 것을 꺼렸다. 그런데도 그는 이 금지령이 받은 책들을 읽는 열망을 더 고조시키는 데 이바지한 셈이 됐다고 믿음. "이는 우리에게 외관상 무종교로 보이는 이 민족에게 기독교의 축복이 확산될 수 있는 적당한 방법과 수단을 심사숙고하도록 고무했다"라고 생각함. 그는 기록하길 "전능하신 하나님의 손이 지금까지 선교 사역들	복음을 받아들이는 사람에게(독문 항해기: 기독교의 책들을 받고 싶어 하는 자들에게) 책자(독문 항해기: 한문으로된 신약성경이 전본)를 줌. 성경과 전도책자를 나누어 줄 때는 역사와 지리책도 함께 줌. (339) 오히려 금지령으로 인해 오히려 그 책들이 가치가 높아짐. 조선사람은 가장 낮은 계층에 속한 사람도 글을 읽을 수 있고, 또 한 읽기를 좋아하는 것을 알게 됨. "조선에 뿌려진 하나님의 진리가 사라질 것인가? 나는 그렇지 않는다고 믿는다."(339/340)(독문 항해기에는 "조선 위에 뿌려진 씨앗이 완전히 무익하게 되지 않도록 소망하는 것이 왜 우리에게 허용하지 않겠는가?") "주님께서, 예정하신 때가 되면 어떤 결실이 있을 것이다"(독문 항해기에는 결실이 있을 것이다).(340)	

날짜				
7월 28일 (음력 7월 2일)	고대도/장고도 추정	기록 없음	기록 없음	그관들이 책자를 받는 것을 보고는 사람들이 같은 선물을 받으려고 몰려들었음. (독문 향해기에는 없음) "전능하신 하나님께서 이러한 (독문 향해기에는 "선교사역에 대항하는" 이 첨가) 정치적 장벽을 제거하시고, 약속의 땅(독문 향해기: 소망의 경작지)으로 (독문 향해기에는 "그리스도의 사자(使者)들을 위해 그 길을" 이 첨가) 들어가게 하실 것"을 기대함.(340)	물을 길러 반대편 섬으로 갔다. (장고도로 추정됨) 수백 명이 모임. 귀찮아 하지 않고 동이에 물을 채워 보트로 나르는 일을 즐겁게 도와줌. 인도 선원들이 부르는 노래처럼 단조로 래 부름. Gutz.는 천성적으로 외국인을 싫어하는 민족이 아님을 인식함. (236) 양의와 등노가 배로와 선포, 선적등록증 탑재 무기에 대해 질문함. (237)
	(Missionsarbeiten)에 아직도 선교사역에 대항하는 어리석은 국가 권력인 장애물을 제거하시고, 또한 이 소망의 경작지를 얻으려는 그리스도의 사자(使者)들을 위해 그 길을 예비하실 것이다"라고 기대함. (252)			
7월 29일 (음력 7월 3일)	기록 없음	기록 없음	기록 없음	기록 없음

날짜	장소 및 서명	Gützlaff, Karl. (독문 항해기)	Gutzlaff, Charles. (영문 항해기)	Lindsay, Hugh H. & Gützlaff, Carl F. (북중국 항해기)
7월 30일 (음력 7월 4일)	고대도	2명의 고관이 방문을 받음. 그 중 하나는 검색 성을 가진 장군임(Kim; 공총수사 이재형(李載亨)을 오인함). 호박이 달린 끈(Ambraschnur)이 달린 모자 착용함. 이때까지의 고생에 대한 위로를 함. 고관들은 전자를 배품. Gutz. 일행은 자기들을 감사하기 위해 관가에서 나온 것으로 인식함. (252) 오후에 해변에 감자를 심으러 갔으며, 감자 재배법을 글로 써 줌.(252) 국법에 따라 외국 농산물의 재배는 거부함. (253) 그러나 오랜 설득으로 가능하게 됨. 귀츨라프 일행은 감자의 탁월함(Vortrefflichkeit)에 대해 조선인들에게 청찬함.(253) 언덕 위의 신당 방문함.(253)	2명이 고관이 왔는데 그중 하나는 "Tsee-che-to" 지역에 주도하는 (독문 항해기에는 없음) 김이란 장군(Kim; 공총수사 이재형(李載亨)) 호박이 달린 끈(a string of amber breads)이 달린 모자 착용(278f.)의 심찰 여지 없이 자신들이 조사하기 위해 나온 것으로 인식함.(279) 나이 많은 친구 김(수근 우후 김형수)가 파 조(독문 항해기에는 없음). 받으로 저녁을 처려줌. 오후에 해변에 감자를 심으러 갔으며, 감자재배법을 글로 써 줌.(341) 국법에 따라 외국 농산물의 재배가 금지되어 있어 처음에는 거부함. 그러나 오랜 설득으로 가능하게 됨.(342) 감자의 성공적 재배 같은 혁신(innovation)이 조선인들을 위해 "혜택(benefits)"을 가져올 것이라 설명함. (342) 고관들은 Gutz. 일행의 고대도 방문을 막지 못한 죄로 자신들이 위용을 과시하기 위해 장군과 같이 온 한 보좌관에게 벌을 가하려 함. 그때	높은 관리 한 명이 더 방문함. 그의 성은 Kin(공총수사 이재형)이며 3급 관리(정3품)인 장군이라 함. 약 50세. 그는 홍주목사 이민회와 수군우후 김형수를 대동하여 옴. 정오 조금 지나서 큰 배 두 척이 모든 선원들이 먹을 음식을 가져옴. 닭고기 국물, 얇게 쓴 돼지고기, 여러 가지 떡, 꿀, 술, 야채 등. 조선인의 식탁에정은 다리 높이의 작은 개별식탁, 젓가락 사용. 대부분의 음식은 찬 음식임. 그러나 맛있었음. 관리들이 떠나기 전 그들에게 왕게 드린 서신의 답신을 언제 받을 수 있는지 질문함. 며칠 동안 편안히 기다리라고 함. 그 전달 김(수군우후 김형수)에게 배에 필요한 여러 가지 물품과 식량을 작은 목록을 적어 왔고 그 것을 살 수 있게 해주든지, 선물로 받으면 좋겠다 함. 그 장군에게 또 다른 목록을 줌. 그는 내일 보내주겠다 함.(238)

귀츨라프 ON 고대도

		Gutz. 일행이 요구로 그가 놓임을 받음.(278) 언덕 위에 그 신당(the temple)을 다시 방문함(278)이 사원은 7월 27일 그가 석조건축(a stone building)이라 지칭했던 건물이고, 이후에 신당(a temple)이었음을 한 건물임. 설립년도 도광(Tauo-kwang) 제3년(1823년)이라 기록돼있었음. (342)	31일부터는 고관들의 통제가 늘어남. 그들은 Lind. 일행이 해안에 가지 말 것을 여러 번 아주 강하게 요구함. (239) 그러나 금지하는 어떤 조치도 없었기에 일행은 매일 해안으로 나감. 건강을 위해 운동이 필요하다는 양해를 구함. 당신을 요구하면 언제나 "며칠 동안 편히 기다리라"함. 얼마 되지 않은 일용품만 보냄. Lind. 일행이 요구하는 물품은 주지 않음. 김(수군우후 김형수)과 장군(공충수사 이재형)은 여러 차례 배를 방문해 최대한 호의를 표함. 장군은 강요되는 통제에 대해 미안해함. 그 이유를 상부의 명령 때문이라 함. 애머스트호를 보려고 많은 사람들이 찾아옴. 관리들은 이들이 승선하는 것을 반대하지 않음. (240)
7월 31일 (음력 7월 5일)	고대도/ 고대도 인근	장군 김(공충수사 이재형)은 Gutz. 일행들에게 가지 말 것을 명함. 왜냐하면, 그가 상부로부터 엄격한 명령을 받았기 때문임. (253) Gutz. 일행은 『금언집(heilige Bücher)』을 인용하여 손님이 자유롭게 방해 받지 않고 돌아다니도록 해야 한다고 그를 비난함. (참고: 이 책은 Gutz. 영문 일행이 기를 볼 때 예기(禮記, The Book of Rites)임. 배로 돌아다니다 찾아간 곳에는 사방이 숲으로 울창한 곳임. 야생 복숭아 나무와 야생 포도를 발견, 주민들에게 주민들을 위해 포도 도 재배법과 좋은 포도즙을 어떻게 만드는지 글로 적어 줌. (254)	장군 김(공충수사 이재형)은 Gutz. 일행들에게 해안가에 가지 말 것을 명함. 왜냐하면, 그가 상부로부터 엄격한 명령을 받았기 때문임. 그러나 Gutz. 일행은 『예기(禮記, The Book of Rites)』를 언급하며, 손님에게 선도 하용하고, 편안히 지낼 수 있도록 충분한 자유를 주어야 한다고 언급한 부분을 제시하여 "Hota Hota (좋다 좋다)"라는 답을 받음. 처음으로 그들이 육지 가까이 있었는지 아니면 섬들 가운데 있었는지 확인하려고 금수산을 타고 주위를 향해 인하하고 항해하여 찾아간 굿에서 복음을 발견.(343) 항해하여 찾아간 굿에서 복음을 발견. 마을 후에는(독문 향해 기에는 없음) 야생 포도를 발견, 주민들에게 야생 포도즙 만드는 기술을 가르쳐 줌. (344f.)

날짜	장소 및 서명	Gützlaff, Karl. (독문 항해기)	Gutzlaff, Charles. (영문 항해기)	Lindsay, Hugh H. & Gützlaff, Carl F. (북중국 항해기)
8월 1일 (음력 7월 6일)	고대도	Lind.는 사전을 만들기 위해 조선인들의 언어를 채점하려 했지만,(254) 조선인들은 거부함. 조선인의 집 구조 관찰 중 겨울 난방을 위해 아궁이를 데우는 방법임을 인지함. 조선인들이 불결한 위생상태 언급함. 가제도구가 열악하고 "그을은 점토로 만들어진 매우 거친 모양"이라 함. (254) Gutz.는 "왜냐하면 이 황무함은 정말로 쉽게 하나님의 동산(Garten Gottes)으로 바뀔 수 있을 것이기 때문이다. 복음이 한 번이라도 이 광야에 들어오도록 하고 이 복음이 성실한 마음으로 주민들에게 받아들여져서 믿게 되면, 이 모든 불행이 단번에 그리고 영원히 종식될 것이다"라고 조선 선교에 중요성을 피력함. (255)	Gutz. 일행을 찾아오는 관리와 사람들의 태도가 무뚝뚝하게 달라짐. 대답도 조심스럽게 하고 여러 선물을 준 것에 감사히 하고 받았는데, 이제는 억지로 돌려주려 함. Lind.는 자신의 어휘력(vocabulary)을 위해 조선인들의 단어를 수집해 왔지만, 가장 짧은 문장도 알려 주는 것을 거부 함.(344) 벼락스러운 태도에 점점 참을 수 없었지만, 외국인으로서 여기서 자신들이 받은 것 같은 특별한 대접을 누린 경우가 없었을 것이라 생각하여 마음을 진정시킴.(독문 항해기에는 없음) 조선인들이 집 구조를 관찰하던 중 겨울 난방을 위해 아궁이를 데우는 방법을 인지함. 불결한 위생상태 언급함. 가제도구가 열악하고 "그을은 점토로 만들어진 매우 거친 모양"이라 람.(345) 고관들은 모든 편의를 다 누리고 있고 일반 백성들은 비참함. 일반 백성은 근면이 필요성 못 느낌. 고립은 외국무물 수용을 막음으로 조선인들의 생활개선을 막았다고 생각함.	기록 없음

8월 2일 (음력 7월 7일)	고대도	기록 없음		기록 없음

"사람은 이 황무지를 에덴동산으로 바꿀 수 있기 때문이다. 복음이 이 지역에 침투해야 한다. 복음이 진리로 받아들여지는 한 빈곤은 그칠 것이다"(for he could have changed this wilderness into an Eden. Let the gospel penetrate into these regions and as far as it is accepted in truth misery will cease)(346)

새 배가 수도로부터 아침 일찍 도착함. 고관이 방문 한다는 통고를 받음. Woo(역관 오계순이라는 관리가 파견 됨을 알게 됨. (347)
(일성록, 순조 32년 7월 18일(음력)을 참고할 때, 오계순은 7월 9일(양력 8월 4일)에 한양을 출발하여, 13일(양력 8월 8일)에 고대도에 도착함. 7월 14일(양력 8월 9일)에 Gutz. 일행을 필담으로 문정하였다고 함. 8월 9일자 귀츨라프 영문 항해기와 린지의 책을 볼 때 8월 9일(양력)에 처음으로 오계순을 대면함).

그 어느 날보다 방문객이 많았음. 지금까지 계속하여 약을 주어왔듯이, 심한 감기 환자인 노인 60명을 위해 충분한 약을 요청받음. (347)

날짜	장소 및 서명	Gützlaff, Karl. (독문 항해기)	Gützlaff, Charles. (영문 항해기)	Lindsay, Hugh H. & Gützlaff, Carl F. (복중국 항해기)
8월 3일-4일		기록 없음	기록 없음	기록 없음
8월 5일 (음력 7월 10일)	고대도	기록 없음	역관 오계순이 세세한 질문함. 인도 선원들의 사물함과 배의 모든 점을 조사해야 한다고 고집함. 통과하거나 방문한 나라의 목록을 요구하고 심문함. (347)	기록 없음
8월 6일		기록 없음	기록 없음	기록 없음
8월 7일 (음력 7월 12일)	천수만/ 간월도/ 창리/ 안면도/ 천수만 내 죽도 근처 해안	기록 없음	Old Kin(김노인; 수군우후 김형수)은 왕께 드릴 청원편지와 예물을 돌려주러 시도함. 이 물품들을 받고 국왕에 전달하겠다고 한 일 때문에 자신이 위험에 처했다고 함. Gutz. 일행은 자신들이 닻을 내린 만이 내륙과 어느 정도 떨어져 있는지를 확인하려고 작은배(급수선)을 타고 탐사함. 큰 항만을 탐사하기 위해 배로 작은 배로 서북쪽의 어느 곳에 상륙해 주변 지역 조사를 위해 언덕에 오름. 맞은편 해안(주사창리 앞 포구로 추정)로부터 찾아온 사람들을 있었음. 책자 및 선물을 받고 기뻐함. 안면도가 해로로 구분된 섬으로 인지. 모선으로 복귀.	안면도 천수만을 방문해 "Majoribanks Harbour"라 명명함. 오전 8시 30분 쯤 출발함. 만의 서쪽 해안을 따라 진행함. 만의 입구는 폭이 5마일. 10마일 위쪽에는 그 폭이 배가 됨. 해로의 일반적 길이 8~12 패덤. 만의 입구에서 16~18마일 쯤에서 만이 둘로 갈라짐.(241) 조선 여성의 복장과 머리 모양을 관찰함. 조선에 와서 여성들이 다양하게 노동하는 모습을 자주 봄. 남자들은 배회하거나 요(mats) 위에 누워서 잠은 술을 마시지 않음. 길에 성록(주사창리로 추정). 높은 곳에서 안면도가 분리되어 있음을 봄.(243) 안면도로 넘어가 해안 상륙함. 수로

8월 8일 (음력 7월 13일)	고대도	기록 없음	기록 없음	아침 6시에 모선으로 귀환. (244) 리스(Rees) 선장이 전한 소식은 어제 김대인(수군우후 김형수)이 찾아왔음을 알림. 국왕에게 보낼 서한과 예물 세 개의 함과, 관리들과 다른 사람들에게 준 사소한 선물과 심지어 맞아드는밖에 안 되는 옷양독도 돌려주려 함. 대인이 다시 받아 줄 것을 간청했지만, 리스 선장은 거절함. 김대인은 낙담해서 돌아감. 오전에 Gutz.와 Lind.는 해안으로 감. 김대인을 만남. Lind.가 서한과 예물을 전달하지 않은 것과 약속한 식량을 보내 주지 않는 것에 대해 항의를 함. 김대인이 수도로부터 고관 한 사람이 이곳으로 오고 있고 그가 설명할 것이라고 대답함. 그는 다시 한 번 식량공급을 약속함.	는 폭은 좁은 곳이 1마일이 못 됨. 주민들이 좁이 청취함. 그 만은 육지에서 분리한 (인공)수로이며, 길이가 약 20마일. 폭은 일정치 않고 최고 폭이 7~8마일, 최소 폭이 1~2마일까지. 폭은 다양. 울창한 숲이 있고, 주민들은 훌륭이도 있다 함. 맞바람이 붙어 전진하지 못함. 만의 입구에서 10마일 정도 떨어진 곳 해안에 정박(죽도 근처 해안으로 추정됨)하여 선상에서 밤을 보냄. (244)

날짜	장소 및 서명	Gützlaff, Karl. (독문 항해기)	Gützlaff, Charles. (영문 항해기)	Lindsay, Hugh H. & Gützlaff, Carl F. (북중국 항해기)
8월 9일 (음력 7월 14일)	고대도	국왕의 사신이 도착하여 배에 오름. (역관 오계순). 진실한 책과 청원서는 전통에 어긋남으로 국왕에게 전달되지 못했으며, 돌려주어야만 한다고 함. 조선은 중국의 속국이며, 중국 황제의 허가 없이 외국인과의 교류가 불가하다고 함. 그래서 Gutz. 일행은 조선을 떠나기로 결심함. 요청한 생필품이 공급된 후 출항 준비를 마침. Kim(공충수사 이재형)은 떠나가니 유감스럽다 하고 거의 울먹임. 그는 외국인과의 교류를 막은 것을 이해하지 못한다 함. 해안에 넓고 안전한 항구가 맞음에도 불구하고, 수출을 위한 상품이 적다고 판단함. 센드위치 군도의 애를 旨.(영문 항해기) 8월 11일자 기록 해당) 조선은 거대한 자원을 지니고 있고 내륙도 잘 경작되어 있을 것으로 추정함. 주민들은 적지 않은 지적 능력을 지녔다고 판단함. 조선인들은 지나치게 많은 술을 즐김. 악덕도 조선인들 사이에는 일상이라 함. 서양의 예절과 다르다 함. "하나님의 위대한 섭리의 계획에 따라서 (256/257) 이 반도의	Woo(역관 오계순)이 로드 애머스트호의 선상에 와서 말하길, 서한과 선물을 받는 것은 불법이며, 이 일을 한두 관리는 너무 늙어서 범한 잘못이므로 문책하겠다고 말함. 스스로 중국의 속국이라 중국 황제의 허락 없이 아무것도 할 수 없다 함. Gutz는 조선은 중국의 속국이 아니라 조공국임을 상기시킴. Gutz.가 외국인의 면전에서 자신의 나라를 비하한 것에 대해 지적함. 오계순이 이를 부끄러워 함.(350) 관리들의 행동은 변덕스러움. 처음에는 Gutz. 일행이 배가 항구에 들어오기를 요청하였고, 모든 것을 자신들에게 위임하라고 하였으나, 그들이 떠나려 하자 왕실의 회답을 기다리라 간청함. 그러나 이제 국왕에게 아무 보고도 하지 않았다 함. Gutz. 일행은 소득 없이 시간만 낭비하여 후회함.	오랫동안 기다려온 특사(오계순)의 정식방문을 받음. 특사의 나이는 약 40세임. Kin(수군우후 김형수), the general(공충수사 이재형), Le(홍주목사 이민회)와 함께 옴. 그들이 선설로 들어옴. 선실에서 한 대화는 Woo 대인(역관 오계순)에 의해 중국어로 기록되었으며, 사본을 받음. 대화의 내용은 Lind.가 통상우호 조약체결을 요구하자, 청나라가 상국이며, 조선은 신하의 국가(the Tasing Empire, 같은 장 주에 보면, Tsing kung= 신국, 246)라고 스스로 비하함. Lind.는 조선은 (Siam)과 베트남(Cochin China)과 같은 조공국임을 상기시킴. 이들 국가는 영국과 통상을 한다는 근거로 이들을 설득함. 그러나 오대인(오계순)은 요청을 거절함. Lind.는 국왕이 거절한 것이 아니라, 조선의 관리들이 거부한 것으로 여김. 국왕의 결정을 기다리게 하는 긍정적 통보를 받은 것을 공개함으로 역관 오가 다른 관리들이 말한 것이 다 거짓이라 말함. 오대인은 서한과 예물을 다시 배에 실으라 함.

| 8월 10일 (음력 7월 15일) | 고대도/ 원산도 (추정) | 주민 들을 위해 하나님의 은혜 충만한 방문이 때가 분명히 올 것이다. 무엇 보다 우리의 눈으로 이 시대를 바라봄으로써 우리는 우리의 손에 놓여 있는 모든 수단으로 구원을 가져오는 십자가의 가르침을 전파함을 통해 그것(하나님의 은혜 충만한 방문이 때)이 다가옴이 빨리 우리에게 일어날 수 있도록 해야 할 것이다. 조선의 국왕이 지금 최소한 그가 원하기만 한다면 성경 속 하나님의 계시를 읽을 것이다. 또한 그의 백성 중에서 많은 사람이 하나님의 말씀을 받아들었다. 성경이 우리에게 가르친 것처럼 하나님은 또한 이 첫 번째 미약한 시작을 축복하실 것이다. 우리는 조선 위에 더 좋은 날이 밝아 오기를 소망한다"(257) | 고관들에게 약속하고도 보내지 않은 식량을 보내 줄 것을 요청함. 몇몇 조선인들이 배로 가까이 오자 체포되어 심한 매질을 당함. Gutz. 일행이 정박한 곳 부근에 "가장 큰 섬(원산도 추정)"의 신들을 탐방하였다. 산봉우리의 요새도 탐사하는 것(원산도 봉수대로 추정됨). 그 요새에는 총기나 군사 장비 없었음. 섬의 인구가 조밀하였고, 본 섬들 중에 개간 | 그러나 Lind.는 서한과 예물이 공식 면담을 통해 접수되었음으로 공식적인 문서로 이유를 답하지 않으면 수취를 거부하겠다고 말함(248). 요청한 식량을 공급받을 때까지 어떤 공적인 업무 (public business)도 한마디도 듣지 않겠다고 하고 Lind.와 Gutz.는 그 자리를 떠남. 오대인은 논의를 다시 계속하려는 노력을 시도함. Lind.는 식량을 받았을 때, 다른 문제를 의논하겠다고 함으로 오대인 일행이 떠남(250). |
| | | 기록 없음 | 약속한 식량이 도착함(수송아지 2마리), 인도 선원들을 위한 소금에 절인 생선, 많은 살아있는 동물과 야채 등. Lind.는 오대인과 장군이 서로 시기하고 있음을 앎. Lind. 일행이 서한과 예물을 되돌려 받는 것을 거절한 것을 두고 오대인이 군목을 치루는 것을 장군(공충수사 김)에게 이재형은 즐기는 듯이 보이고, 김(수군 우후 김형수)과 이(홍주목사 이민회)는 Lind. 일행에 | |

날짜	장소 및 선명	Gützlaff, Karl. (독문 항해기)	Gutzlaff, Charles. (영문 항해기)	Lindsay, Hugh H. & Gützlaff, Carl F. (북중국 항해기)
			이 가장 잘 되어있었음. 섬 주민들이 요새를 보지 말라고 경고하고 사방을 에워쌈. 마을 진입 시 주민들이 엄격히 호위함.	계 우호적으로 파악함. 그들 간의 사이가 좋지 않음을 이용하여 조선의 국왕에게 서한과 예물을 보낸 사실을 알리려 시도함. Gutz.가 한문으로 문서작성 영어 번역본도 만듦. 고관들에 전달하기 위해 한문 편지 사본 4부를 만듦. • 제목: "국왕의 감사를 위한 비망록 (A Memorial for the Inspection of the King)"(252-256) • 내용: 장선 도착 이후 Gan-keang 까지의 여정과 국왕에게 서한과 예물을 전달하려 요청한 정황을 기록. 국왕이 후에 이 사실을 알게 되어 감사를 할 때 필요한 사실을 기록함.
8월 11일 (음력 7월 16일)	고대도	기록 없음	Gutz. 일행이 요구한 물품이 공급됨.(351) Gutz. 일행이 야정을 요청함. 내용: 1) 영국선박이 근경에 처해 조선에 오면 충분한 식품 제공해 달라 함. 고 관들이 댓가를 받지 않겠다는 조건으로 도와줌. 2) 난파 생존 선원들을 특	아침에 조선의 관리 4명(이재형, 김 향수, 이민회, 오계순)이 서한과 예물을 가지고 배를 방문함. 그들에게 한문으로 된 문서(국왕의 감사를 위한 비망록)를 한 부씩 줌. 공중수사 이재형은 그 문서의 내용에 불만이 없다고 하였으나, 오계순은 매우 근심하고 두려워함. Lind.가 배에 되돌려 주는 예물 싣는 것을 허락지 않음. 오후

경으로 송환 요청. 이에 고관들이 동의함.

조선의 선박을 방문함. 그 배들은 약 200톤급 이상 운반할 수 없거나, 폭풍을 만나면 전혀 감당할 수 없다는 평가를 내림. 공충수사 이재형이 서한과 예물을 되돌려 주려고 마지막 시도를 함. 이재형은 작별에 대한 아쉬움을 표현했고, 거의 눈물을 흘릴 뻔함.(352) 외국인과 교섭하지 않는 것에 대해 유감을 표명함, 그의 권한 밖이고, 국왕의 특권이라 함. Gan-keang(고대도 안항)이 일급 항구라는 언급. 샌드위치 군도를 교역 활성화의 예로 언급함.

"조선국왕이 처음에는 거절하였던 성경을 받았을 것으로 추측함. Gan-Keang과 관련된 많은 관리와 주민들은 성경을 받았다".(355)

"영원한 하나님의 큰 계획(the great plan) (독문 항해기 8월 9일, 257에 해당: "영원한 하나님의 위대한 섭리의 계획(das grosse Weltregierungsplane)"으로 그들을 방문 할 때가 있을 것이다. 이것을 바라면서 우리는 모든 수단을 동원하여 영광스러운 십자가 진리를 전파하는 것을 서둘러야 할 것이다", 355)

날짜	장소 및 서명	Gützlaff, Karl. (독문 항해기)	Gützlaff, Charles. (영문 항해기)	Lindsay, Hugh H. & Gützlaff, Carl F. (북중국 항해기)
			"성경은 우리들에게 하나님은 비록 연약한 시작이라 할지라도 축복해 주신다는 사실을 믿으라고 가르친다. 조선을 위하여 더 좋은 날들이 곧 밝아 올 줄 기대한다".(355)	아침에 닻을 올리고 있을 때 장군(공충수사 이재형)이 혼자 방문. 이런 상태로 헤어지는 것에 대해 깊은 유감을 표함. 수많이 떨어진 곳에서 예물도 가져 왔는데 보답도 없이 대우한 것에 대해 미안하지만, 국법이라 함. Lind.가 조정에 중국인이 있는지 물음. 이는 중국인들이 국왕으로 하여금 외국과 통상하는 것을 막고 있는지 의심이 되어 문제 됨. 조선의 고대사를 주제로 대화 나눔. Lind.는 한민족이 고려시대 때 타타르 왕조(원나라)의 변방과 만주의복을 강요했을 때, 저항한 역사를 상기시킴. 다른 두 관리(김형수와 이민회)를 위해 술 몇 상자를 해안으로 보내고자 함. 이에 감동하여 이재형은 자신들은 손님을 가볍게 대우했는데 계속해서 자신들을 친구로 대해 주는 것에
8월 12일 (음력 7월 17일)	고대도 안항에서 출항	기록 없음	기록 없음	

| 8월 17일 (음력 7월 22일) | 제주도 | 제주도 근처에 도착. "우리는 서로 다른 크기와 모양을 가진 많은 섬들 곁을 지나 항해했다. 가장 남쪽에 있는 섬, 제주도(위도 32°51´, 경도 126°23´, 그리니치)는 이 바다에서 매력이 가득한 지점이었다. 이 섬은 잘 개발되어 있고 일본, 조선, 만주-타르타리아와 중국의 교역을 위해 교통적 요충지를 제공하기에 편한 위치에 있다 함. 그동안 그렇게 되지 않았다면 이 섬은 적어도 선교거점(Missionsstation)으로 선정되어야 한다 생각함. 어떻게 하든지 제주도는 인구가 많은 이 지역들(조선·일본·만주·중국) 안에서 그리스도 교회(Kiche Christi)의 첫 번째 설립과 하나님 말씀의 전파를 위해 섭리와 최상의 충분한 기회를 제공할 것이다고 생각함(독문 항해기에만 언급). | 최남단 제주도 (위도 32°51´, 경도 126°23´, 영문 항해기에는 그리니치 빠짐)에 도착. 제주도에 일본 조선 만주 그리고 중국과 교역하기 위한 제어상업관을 지이면 어떨지 구상함. 모든 제주도에 선교본부(a missionary station)를 세운다면, 쇄국정책에 큰 충격을 줄 것으로 생각함. 이 섬에 뉴질랜드 선교사를 레브라다와 그린랜드의 최초 복음 전파자 보다 덜 위험하다. 이 섬이 접근하지 못할 곳이 아니라는 점을 설명. (독문 항해기에는 "기독교를 위해"가 첨가되어 있음). | 대해 경의를 표하고 거의 눈물을 흘릴 만큼 감격함. 남쪽으로 항해함. 이틀 동안 화창한 날씨와 가벼운 바람이 붐. 리스 선장이 그린 해도(海圖)에 대해 언급함. 그 해도가 이곳 해안에 접근하려는 미래의 항해자들에게 크 도움이 될 것을 확신함.(259) |
| | | | | 제주도를 봄. 지금까지 본 조선의 어떤 땅들 보다 잘 경작되어 보임. (간략한 서술만 있음) |

날짜	장소 및 서명	Gützlaff, Karl. (독문 항해기)	Gutzlaff, Charles. (영문 항해기)	Lindsay, Hugh H. & Gützlaff, Carl F. (복중국 항해기)
		"나는 조정의 통치가 얼마만큼 이 섬에서 이루어지는지 모른다. 나 혼자만의 생각으로는 여기 거주하는 선교사는 과거 태로라도와 그린랜드의 첫 번째 믿음의 전령들보다는 훨씬 덜 위험할 것이다. 누질랜드는 지금도 여전히 위험하다. 어쨌든지 확실한 것은 이 섬은 기독교로 접근하기 불가능 하지 않다는 것이다."(257)		

episode photograph
역사 마주보기

저자와 귀츨라프의 실루엣 **오희원 일러스트**

231

에필로그

귀츨라프 ON 고대도

이 책의 제목을 『귀츨라프 ON 고대도』라 정할 때 고심이 많았다. 어떤 제목이 독자들에게 귀츨라프가 한국에 와서 선교사역의 첫 번째 대상지였던 고대도를 기억하게 할 수 있을까 고심하였다. 영어의 전치사 ON에서 힌트를 얻었다. 영어 단어 'ON'은 '~(위)에', '켜다', '쉬지 않고 계속하다'의 뜻이 있다. 이 책의 제목인 "귀츨라프 ON 고대도"에는 이 의미가 담겨 있다. 이제 한국 최초의 개신교 선교사 칼 귀츨라프의 명성을 "ON"하여 지금까지 꺼져 있던 그를 켜서 기념할 시간이다. 과거 그가 우리를 복음으로 깨웠으니, 이젠 우리가 그동안 덮여있던 그의 명성을 깨울 차례다.

이 책은 귀츨라프가 고대도에 온(came) 것을 명확히 했다. 역사는 사실을 근거해야 한다. 이 점에서 고대도에 온 귀츨라프를 확실히 고증했다고 자부한다. 귀츨라프 고대도 도착설은 더 이상의 논란의 대상이 되지 못한다.

"Gützlaff **on** the Island, Godaedo!"

이 책은 그가 고대도에서 어떤 선교를 감당했는지 흥미롭게 탐구했다. 그가 이 섬에서 머문 19일 동안, 평생을 머물며 선교하여 큰 업적을 남긴 선교사들 못지않게 큰 선교사적·문화사적 업적을 이루었다. 그리고 고대도의 영문 표기에 관련하여 1832년 그 논란의 기록 "Gan-keang"의 그 마지막 퍼즐을 고대도 안항이라고 맞춘 것도 이 책에 반영된 연구의 소득이라 하겠다. 이 책을 통해 귀츨라프의 본격적 선교사역이 시행된 곳이 어디인가를 규명하는 결정적 연구가 되리라 믿는다.

그가 내린 곳은 섬이 아니라 우리의 미래였다

귀츨라프가 내린 곳은 섬, 고대도가 아니라 우리의 미래였다. 귀츨라프는 고대도를 시작으로 한민족 복음화가 진전되어 어느 순간 이 땅에 많은 사람들이 기독교인이 될 한국의 미래를 미리 바라본 것이다. 그래서 그는 이 땅을 향해 "이 외딴 나라(remote country) 안에 좋은 씨가 뿌려졌고, 머지않아 영광스럽게 싹이 돋아날 것이고, 열매가 맺힐 것"[1]이라고 축복했다. 그는 토마스, 알렌, 언더우드, 아펜젤러 같은 선교사들에게 한국 선교의 도전이 되고, 실제적 마중물이 되었다.

마지막으로, 저자의 『굿 모닝, 귀츨라프』(2014)에서 기술한 귀츨라프의 일곱 가지 최초의 선교사적·문화사적 대표적 업적을 기

---

1   K. Gützlaff, *An appeal in behalf of China*, 423.

억할 필요가 있다.[2]

1. 최초로 한국에 온 개신교 선교사
2. 최초로 한글 주기도문 번역 시도
3. 최초로 한문 성경과 한문 전도서적의 전달
4. 최초로 한글의 우수성을 세계에 체계적으로 소개
5. 최초로 서양 감자 파종
6. 최초로 서양 선교사로서 서양 근대의술을 베풂
7. 동북아를 위한 최초의 체계적 선교전략 구상

하나님이 사랑하신 섬, 고대도(God愛島)

이 책을 통해 한국의 최초 복음 전래지가 "하나님이 사랑하신 섬, 고대도(God愛島)"라는 사실이 역사적으로 더 확고해질 것을 믿는다. 이제부터 한국 교회가 귀츨라프의 선교정신을 고양하고, 최초의 본격적 선교지로서의 고대도의 위상을 재고할 최선의 노력을 기울여야 할 것이다. 하나님이 사랑한 섬 고대도(God愛島)! 고대도에서 시작된 본격적 기독교 선교와 복음의 확장 그리고 문화적 교류는 이 시대의 우리에게도 세계 복음화와 국제화된 시대 속에서 그리스도인의 시대적 · 문화적 소명을 일깨우기에 충분한 것이다.

---

2   오현기, 『굿 모닝, 귀츨라프』, 5-7.

부록 1. 고대도에 세워진 귀츨라프 선교 기념물

칼 귀츨라프 선교 기념비 오현기 촬영

칼 귀츨라프 기념공원

귀츨라프 ON 고대도

귀츨라프 업적 기념비 오현기 글, 보령시·칼 귀츨라프 학회 제작

고대도에 세워진 귀츨라프 선교 기념물

고대도 메모리아 우르바나(Memoria Urbana). 스페인 설치미술가
후앙 가라이사발 作. *godaedo.net*

등대 십자가

등대십자가(1989년 건립)의 개보수(2015년) 현장

귀츨라프 ON 고대도

동일교회 고대도 선교센터(칼 귀츨라프 박물관)

동일교회 고대도 선교센터 정경(칼 귀츨라프박물관) 오현기 촬영

귀츨라프 ON 고대도

하나님이 사랑하시는 섬, God愛島(고대도) 기념석

고대도해양역사문화체험관(칼 귀츨라프 기념관)

귀츨라프 ON 고대도

부록 2. 귀츨라프의 편지들[1]

● 알렉산더 폰 훔볼트에게 보낸 편지[2]

1   국립 베를린도서관 소장. 세바스티안 슈톨크 박사 판독, 오현기 번역.

2   프리드리히 빌헬름 하인리히 알렉산더 폰 훔볼트(Friedrich Wilhelm Heinrich Alexander Freiherr von Humboldt, 1769-1859)는 독일 출신 지리학자, 생물학자, 철학자, 박물학자, 탐험가이다. 그의 형은 프로이센의 장관이며, 철학자, 언어학자였던 빌헬름 폰 훔볼트(Wilhelm von Humboldt, 1767-1835)이다. 베를린 훔볼트대학교의 명칭은 훔볼트 형제를 기념하여 따온 이름이다.

[독일어 원문]

Zu Beantwortung der Frage Ew. Ex. bitte ich zu bemerken, daß
alle Chinesen die ich je gekannt habe Milch jeder Art als Greuel
betrachten, und daß ich noch nie Milch auf dem Markte, es sei denn
für Fremde des Westens, zum Verkauf gesehen habe. die Manschuern
welche unter den Chinesen leben haben denselben Ekel an dieser
Speise.
Sr. Majestät hat den größten Interesse für die Expedition nach dem
Innern Asiens. Ich habe daher an Lepsius vorgeschlagen wo möglich
heute ein Versammlung zu berufen, und zu gewissen Resultaten zu
kommen, und diese dann zur Beurtheilung Ew Ex: vorzulegen.

Mit Hochachtung verbleibe ich
Ew Ex: unterthänigster
K Gützlaff

[Ber] lin 3ten Mai

[한글 번역]

존경하는 탐사위원회의 질문에 대한 대답으로 제가 말씀드리는 것은
모든 중국인들이 우유를 혐오스러운 것으로 간주하고 있다는 것과
저는 서구의 낯선 사람들을 제외하고는 시장에서 우유를 파는 것을
본 적이 없다는 것을 인식하라는 것입니다. 중국인들 사이에 사는
만주인들도 이 음식에 대해 같은 혐오감을 가지고 있습니다. 폐하께서도
아시아 내륙 탐험에 가장 큰 관심을 가지고 계십니다. 그러므로

귀츨라프 ON 고대도

나는 레퍼우스에게(Lepsius)[3]에게 가능하면 오늘 회의를 소집하고,
어떤 결론을 얻어 존경하는 탐사위원회의 판단을 위해 제출할 것을
제안했습니다.

큰 존경심을 가지고
존경하는 탐사위원회의 평회원
칼 귀츨라프

(추정 1850년) 베를린 5월 3일

---

3   칼 리하르트 렙시우스(Karl Richard Lepsius, 1810-1884)는 독일 프러시아 출신 이
     집트학 학자이자 언어학자 그리고 고고학자였다. 이집트와 이디오피아를 위한 왕립
     프로이센 탐험대(Royal Prussian Expedition to Egypt and Ethiopia, 1842~1845/6)
     의 단장이었다.

● 런던의 한나 비터(Hannah Bitter)에게 보낸 편지[4]

---

4   한나 비터(Hannah Bitter), 중국 선교를 위한 영국여성협회의장(Vorsitzende des brit. Frauenvereins zur Chinamission)

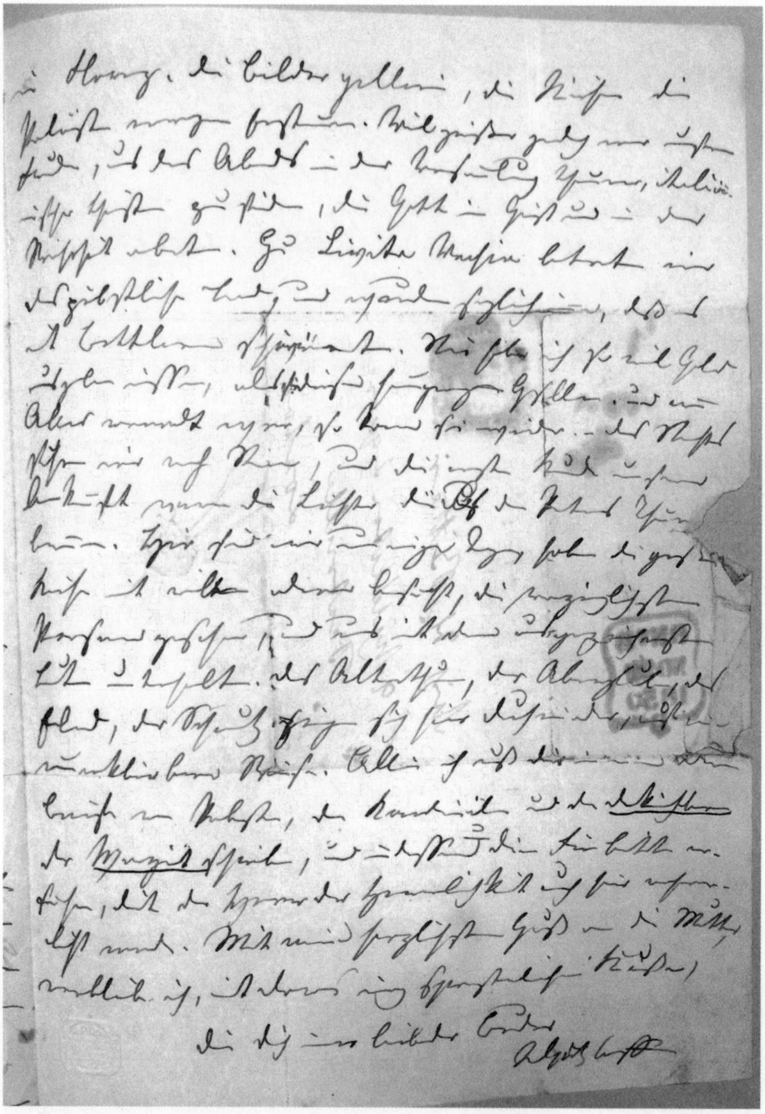

[독일어 원문]

Rom 8ten Nov.

Mein theure Hanna,

da bin ich nun in der Hauptstadt der Welt, noch trauernd über deine
F[lücht]igkeit, daß du mir nicht einen Brief mit Thomsons hast
zugesandt. Es war mir unerklärbar, daß die theure Schwester, so etwas
hätte vergessen können.

Nachdem wir zu Kassel angekommen und dort alle möglichen
Maßregeln zur Gründung und Zusammenhaltung der Vereine
getroffen, gingen wir nach Frankfurt. Die [Dora] ist ein sehr
theures Mädchen, all von Liebe und der innigsten Anhänglichkeit,
und wie die ein rechter Schwester segen. Sie klagt nie, [erträgt] die
Beschwerden der Reise mit Lächeln, kann aber nicht leiden, daß
ich sie zwei oder drei Tage verlasse, dann weint sie. Sie ist eine recht
innige Jüngerin des Herrn, und so kannst du dich leicht denken, daß
unser Leben ein recht freudiges ist. – Nachdem nun in Frankfurt
ein Hauptverein für die Provinz⟨en⟩ Honans gebildet, gingen wir
nach Darmstadt, wo wir innig empfangen, dann nach Heidelberg,
und endlich nach Karlsruhe: In allen diesen Städten fand die
heilige Sache großen Anklang, und es war nur in Würtenberg, wo
Barth und Hofmann uns entgegen arbeiteten, daß man kein Verein
bilden konnten. So kamen wir endlich in Straßburg an, und ich
predigte dort in einer sehr großen Kirche, und zog[1v] nun nach
der Schweitz. Anstatt der gehofften freundlichen Aufnahm zu Basel,
wo ich Anspruch hatte, war man durch Hambergs Vorsehen gegen
mich aufgehetzt; denn man gab mir alle Schuld. Der Mann scheint
Alles verdreht zu haben, und alle Herzen zur Feindschaft entflammt,
und zwar weil ich ihn mit ingster Liebe behandelte. Die Directoren
der Gesellschaft empfingen mich mit Zutrauen; in Bern erzeigte

man uns ziemliche Liebe, in Gen⟨v⟩fe bildete man einen Verein, um mit Hilfe der Franzosen das Wort des Herrn in der Provinz Kiangsi bekannt zu machen. – Nun zogen wir über die Gränze und langten endlich zu Lyon an. Dies ist eine große Stadt und hat ein sehr ausgedachte Hospital. Die Christen dort empfingen uns mit großem Zutrauen und ich freute mich sehr unter eine bedeutende Menge mich zu befinden, welche vom Pabstthum bekehrt worden waren. In Avignon konnten wir leider sehr wenig thun und fanden nur Bettler. Ganz anders aber war es zu Nismes und Marseille, wo der Herr die Seinen hat, und diese schlossen sich dann auch in dem Verein zur Verkündigung des Evangeliums in Kiangsi an.

Das Werk in Frankreich war vollendet, wir schiften uns daher nach Genoa ein. Dort fanden wir Haufen von Priestern, Mönchen und Soldaten, eine Stadt von Pallästen und schönen Arkaden; [Hanna] wieder so [vieles] zu bewundern gehabt haben. In Livorno angelangt weilten wir nicht lange, sondern suchten den berühmten Thurm in Pisa zu sehen, und verlebten nachher angenehme Stunden [2r] in Florenz. Die Bilder gallerien, die Kirchen, die Paläste erregen bestaunen. Viel größer jedoch war unsere Freude, uns des Abends in der Versammlung theurer, italiänischer Christen zu finden, die Gott im Geist und in der Wahrheit anbeten. Zu Civita Vechia betraten wir das päbstliche Land, und wurden sogleich inne, daß es mit Bettlern schwärmte.
Nie habe ich so viel Geld ausgeben müssen, als für diese hungrige Gesellen, und wenn Alles verredt were, so kamen sie wieder. –
Des Nachts fuhren wir nach Rom, und die erste Kunde unserer Ankunft waren die Lichter die auf dem Peters Thurm brennen.
Hier sind wir nun einige Tage, haben die große Kirche mit vielen

anderen besucht, die vorzüglichsten Personen gesehen, und uns
mit den ausgezeichensten Leuten unterhalten. Das Alterthum, der
Aberglauben, das Elend, der Schmutz zeigen sich hier durcheinander,
auf eine unerklärbare Weise. Allein ich muß dir in einem andern
Briefe vom Pabste, den Kardinälen und den [denkmalen] der
Vorzeit schreiben, und indessen /nun/ deine Fürbitte erheischen,
damit der Herr der Herrlichkeit auch hier verherrlicht werde. Mit
meinem herzlichsten Gruß an die Mutter, verbleibe ich, mit innig
schwesterlichen Küßen,

Dein Dich immer liebender Bruder
K. Gützlaff

[한글 번역]

로마, (추정 1850년) 11월 8일[5]

사랑하는 한나 양에게,

저는 여기 세계의 수도에 있습니다. 여전히 당신이 나에게
톰슨(Thomson)[6]과 함께 편지를 보내지 않은 것에 대한 당신의 과실에

---

5   귀츨라프는 1849년 10월 1일 선교 보고차 유럽 방문을 위해 홍콩을 출발했고, 1850
    년 말 유럽에서 결혼한 아내와 함께 유럽을 떠나 이집트, 홍해, 인도양을 거쳐 1851년
    1월에 홍콩으로 돌아왔다(Gustav Emil Burkhardt, Kleine Missions-Bibliothek oder
    Land und Leute, Arbeiter und Arbeiten, Kämpfe und Siege, 147; William Dean,
    The China mission: embracing a historyof the various missions of all denominations
    among the Chinese, with biographical sketches of deceased missionaries, New York:
    Sheldon, 1859, 284). 유럽으로 가는 여정이 당시에 최소 한 달 이상 소요되므로 이
    편지는 정황상 1850년 11월 8일로 추정된다.

6   제임스 톰슨(James Thomson, 1788-1854)은 영국과 외방성서공회(Agent der
    British and Foreign Bible Society, BFBS)와 중국복음화공회(Chinese Evangelisation
    Society, CES) 대표였다.

대해 슬퍼하고 있습니다. 사랑하는 자매가 그런 것을 잊어버릴 수
있다는 것은 나로서는 이해할 수 없는 일이었습니다.

카셀에 도착하여 협회의 창립과 유지를 위해 거기서 가능한 모든
조치를 취한 후 우리는 프랑크푸르트로 향했습니다. 도라(Dora)[7]는
매우 신뢰감이 가고, 사랑스러우며, 친밀함이 깊으며, 친 자매 같은
축복받은 숙녀입니다. 그녀는 결코 불평하지 않고, 미소로 여행의
고난을 견디지만, 내가 그녀를 2박 3일 떠나는 것을 견디지 못하고
그녀는 웁니다. 그녀는 주님의 진정으로 하나된 제자이기 때문에
우리의 삶이 진정으로 즐거운 삶이라는 것을 쉽게 상상할 수 있습니다.
– 이제 프랑크푸르트에서 중국 허난(河南) 지방을 위한 중앙협회가
결성되었으므로, 우리는 따뜻한 환대를 받은 다름슈타트로 갔고, 그
다음에는 하이델베르크, 그리고 마지막으로 칼스루에로 갔습니다. 이
모든 도시들에서 거룩한 사건들의 큰 울림을 발견했습니다. 그리고
바르트[8]와 호프만[9]이 우리를 반대하여 일했던, 뷔템베르크에서만
협회를 결성하지 못했습니다. 그래서 우리는 마침내 스트라스부르크에
도착했고 그곳에서 아주 큰 교회에서 설교했으며, [1v] 지금 스위스로
가서, 내가 약속한 바젤에서, 바라던 우호적인 환영 대신에 사람들이
함베르크(Hamberg)[10]의 의도대로 나를 반대하도록 선동했습니다.

---

7   도라는(Dora)는 귀츨라프의 세 번째 부인의 이름이다. 귀츨라프는 1850년 9월 19일
     잉글랜드 브리스틀(Bristol) 출신의 도로시(도라) 가브리엘(Dorothy(Dora) Gabriel,
     1821-1888)과 유럽에서 결혼했다.

8   크리스티안 고트롭 바르트(Christian Gottlob Barth, 1799-1862)은 독일 뷔르텐
     베르크주의 영적 각성운동의 아버지라 불리는 인물이다. 『칼브 선교잡지(Calwer
     Missionsblatt)』의 편집장이며, 중국 선교 소식을 통해 귀츨라프에게 감명을 받고 큰
     관심이 있던 사람이었다. 후에 중국 선교사역을 위해 1846년 귀츨라프와 같은 중국
     선교사를 후원할 목적으로 카셀 선교회(Chinesiche Stiftung inKassel)를 설립하였다.

9   루드비히 프리드리히 빌헬름 호프만(Ludwig Friedrich Wilhelm Hoffmann, 1806-
     1873), 바젤과 튜빙엔의 에포루스의 선교감독관(Missionsinspektor in Basel,
     Ephorus in Tübingen)이었다.

10   테오도르 함베르크(Theodor Hamberg, 1819-1854), 스웨덴 상인 출신으로, 1846년

왜냐하면 사람들은 내가 모든 것에 책임이 있었다고 생각했기
때문입니다. 그 사람(함베르크)은 모든 것을 왜곡하고, 마음에 적개심이
불탔습니다. 그러나 나는 그를 가장 깊은 사랑으로 대했습니다.
협회(바젤 선교회, Basler Missionsgesellschaft, 1815년 설립) 이사들은
저를 신뢰를 가지고 만나주었습니다. 베른에서 사람들은 우리에게
많은 사랑을 표해 주었고, 제네바에서는 프랑스인들의 도움으로
장시(Kiangsi, 장시성(江西省)) 지방에 주님의 말씀을 알리기 위한 협회가
결성되었습니다. – 이제 국경을 넘어 마침내 리옹에 도착했습니다.
이곳은 대도시이며 매우 잘 지은 병원이 있습니다. 그곳의 기독교인들은
우리를 큰 신뢰로 영접했고, 나는 교황권(가톨릭)으로부터 개종한 큰
무리의 사람들을 만날 수 있어서 매우 기뻤습니다. 불행히도 우리는
아비뇽에서 거의 일을 할 수 없었고, 가난한 사람뿐이었습니다. 그러나
주님의 백성이 있는 니슴므와 마르세유에서는 완전히 달랐고, 그들도
강시에서의 복음 선포를 위해 협회에 합류했습니다. 프랑스에서의
일은 끝났고, 우리는 제노바를 향해 배를 타고 출발했습니다. 그곳에서
우리는 성직자, 수도사, 군인의 무리와 궁전과 아름다운 아케이드가
있는 도시를 발견했습니다. [한나]는 또 감탄할 일이 많습니다.
리보르노에 도착한 우리는 오래 머물지 않았지만, 피사의 유명한 탑을
보았고 그후에 피렌체에서 즐거운 시간을 보냈습니다. 그림 갤러리,
교회, 궁전은 감탄을 자아냅니다. 하지만 그날 저녁 영과 진리로
하나님을 예배하는 신실한 이태리 그리스도인들이 모인 곳에서
우리 자신이 발견한 기쁨은 훨씬 더 컸습니다. 치비타 베키아(Civita
Vechia)에서 우리는 교황이 다스리는 나라에 들어갔고 즉시 그곳이
거지들로 붐비는 것을 알아차렸습니다. 나는 이 배고픈 친구들에게
그렇게 많은 돈을 쓴 적이 없었고, 모든 것을 다 허비하고 나면 그들은
(구걸하러) 다시 돌아올 것입니다. 밤에 우리는 로마로 갔고, 우리를

부터 홍콩의 선교사였다.

첫 번째로 반겨준 손님은 성 베드로 성당 탑에 켜진 불이었습니다. 우리는 여기에 며칠 동안 머물렀고, 많은 다른 사람들과 함께 큰 교회를 방문했고, 가장 탁월한 사람들을 보았고, 가장 훌륭한 사람들과 이야기를 나눴습니다. 고대유적, 미신, 불행, 그리고 더러움이 모두 설명할 수 없는 방식으로 여기에 뒤섞여 있습니다. 그러나 나는 교황, 추기경 및 고대의 [기념물]에 관해서는 다른 편지로 당신에게 편지를 써야 하며, 동시에 지금 영광의 주님께서 여기에서 영광을 받으시도록 당신의 중보기도를 청합니다. 어머니께 사랑의 인사를 전하고, 형제간의 입맞춤으로 진심어린 인사를 드립니다.

항상 사랑하는 형제
칼 귀츨라프

● 에어푸르트의 베르멜스킬히(Johann Gottfried Wermelskirch)
목사에게 보낸 편지[11]

---

11 요한 고트프리드 베르멜스킬히(Johann Wilhelm Georg Gottfried Wermelskirch, 1803-1872)는 프로이센의 루터파 신학자이자 목사로, 귀츨라프가 수학한 베를린선 교학교를 수학했다.

Hamburg den 16ten August

Mein theurer Bruder,

Vielleicht erinnerst Du Dich noch meines Namens. Nun wünsche ich auch nach Erfurth zu kommen, um die Interessen des Chinesischen Vereins zu befördern, und wünschte von Dir gerne zu verstehen, welche Länder und Städte des Herzogsthumes Sachsens, ich zu diesem Zwecke bereisen sollte. Meine Zeit ist sehr kurz, denn schon im November muß ich im Vaterlande zurück seyn, so daß ich die grösten Örter wo manches Interesse Statt findet ergreife. Gieb uns daher diesen Rath, da Du ja in jenen Gegenden bekannt bist, und adressire Dein Brief nach Bremen wo ich am Sonntage, wenn es dem Herrn gefällt zu predigen hoffe.

Dein Dich liebender Schulkamerad.
K. Gützlaff

[한글 번역]

함부르크 1850년 8월 16일

나의 사랑하는 형제여,

아마도 당신은 여전히 내 이름을 기억하고 있을 것입니다. 이제 저는 또한 중국(선교)협회의 관심을 증진하기 위해 에어푸르트로 가고 싶습니다. 이 목적을 위해 제가 당신으로부터 작센 공국의 어느 지역과 도시를 방문해야 하는지 기꺼이 듣고 싶습니다. 저의 체제기간은 매우 짧습니다. 왜냐하면 벌써 11월이면 조국(독일)에서 (중국으로) 돌아가야 합니다. 그래서 많은 관심이 있는 큰 지역들을 방문해야 합니다. 당신이 그 지역에 대해 잘 알기 때문에 우리에게 이 충고를 해 주시기

바랍니다. 그리고 주님을 기쁘시게 한다면, 내가 일요일에 설교하기를
희망하는 브레멘으로 당신의 편지를 보내시기 바랍니다.

당신의 사랑하는 학교 친구.
칼 귀츨라프

● 칼브에 있는 크리스티안 고트롭 바르트(Christian Gottlob Barth) 박
  사에게 보낸 편지

귀츨라프 ON 고대도

[독일어 원문]

Frankfurt, den 16ten brt.

Mein theurer Bruder,

da es mir unmöglich ist, wegen der Eile womit ich mich nach China zu begeben habe, Dich in Kalw zu besuchen, so würde ich es für einen großen Beweis Deiner Güte halten, wenn Du am 20ten nach Stuttgart kommen könntest, um die [unleserlich] zu seyn.

Dein Dich aufrichtig liebender
K. Gützlaff

[한글 번역]

프랑크푸르트, 1850년 ?월 16일

내 사랑하는 형제여,

중국으로 돌아가야 하는 일이 바빠서

칼브(Kalw)에 있는 귀하를 방문하는 것이 불가능하게 되었습니다.

그래서 만약 귀하가, (식별 불가)를 위하여 20일에 슈트트가르트에 오실 수 있다면, 그것이 귀하의 친절의 큰 증거라고 여기겠습니다.

귀하를 진심으로 사랑하는 사람
칼 귀츨라프

부록 3. 요하네스 예니케의 편지[12]

● 요하네스 예니케(Johannes Jänicke)가 프로이센 중앙성서공의회에 보낸 편지[13]

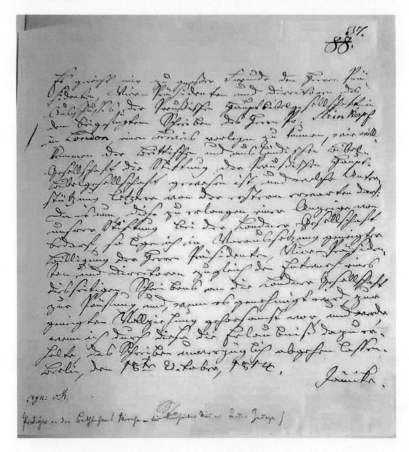

---

12 오현기 소장, 세바스티안 슈톨커 판독, 오현기 해석.

13 귀츨라프가 수학한 베를린 선교학교(Missionsschule in Berlin) 설립자이자 교장이
    었던 요하네스 예니케(Johannes Jänicke, 1748-1827) 목사는 빌헬름거리 29번지
    (Wilhelmstrasse 29)에 있던 베를린 보헤미아 베들레헴 교회 목사관(Pfarrerhaus)에
    이 학교를 설립하였다(1800년 2월 1일 개교).

Es gereicht mir zu großer Freude den Herren Präsidenten, Vice-
Präsidenten und Directoren des Ausschusses der Preußischen
Haupt Bibelgesellschaft, in dem beigefügten Schreiben des Herrn
Pr. Steinkopf in London, einen Beweis vorlegen zu können, wie
willkommen der Brittischen und aus ländischen Bibelgesellschaft
die Stiftung der Preußischen Haupt-Bibelgesellschaft gewesen ist,
und welche Unterstützung letztere von der erstern erwarten darf. Da
es nun diese zu erlangen, einer Anzeige von unserer Stiftung bei der
Londner Gesellschaft bedarf, so lege ich in Voraus setzung geneigter
Billigung der Herren Präsidenten, Vice-Präsidenten und Directoren
zu gleich den Entwurf eines dies seitigen Schreibens an die Londner
Gesellschaft zur Prüfung, und wenn es genehmigt wird, zur geneigten
Vollziehung gehorsamst vor, und werde wenn ich durch diese die
Erlaubniß dazu erhalte, das Schreiben unverzüglich abgehen lassen.

Berlin, den 18ten October, 1814.
Jänicke

[한글 번역]

저는 런던에 있는 슈타인코프 목사가 첨부한 서한을 통해 프로이센
중앙성서공회 회장, 부회장, 이사들에게 프로이센 중앙성서공의회의
설립이 영국성서공회와 해외성서공회로부터 얼마나 환영받고 있는지에
대한 증거를 제시하게 된 것을 기쁘게 생각합니다.
그리고 후자(프로이센 중앙성서공의회)가 전자(영국성서공회)로부터
기대할 수 있는 지원을 얻으려면, 프로이센 중앙성서공의회가
런던성서공의회에 통보해야 합니다. 따라서 회장, 부회장 및 이사의

자발적인 승인을 조건으로 이 편지의 초안을 런던 성서공의회의 검토를
위하여 제출합니다. 순조롭게 실행되기 위해 그것이 승인된다면, 즉시
서한을 보내도록 하겠습니다.

1814년 10월 18일 베를린.
예니케

부록 4. 칼 귀츨라프의 친필 역사 에세이 (1826년경)

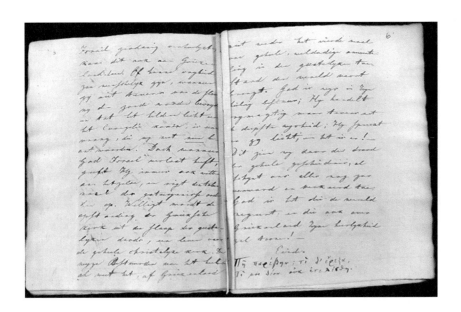

칼 귀츨라프가 친필로 쓴 학술적 에세이이다. 이 원고는 "고대 역사"에
관한 약 100페이지 분량의 화란어로 되어있는데, 이 에세이를 쓸 당시
귀츨라프는 로테르담에서 네덜란드 선교회의 선교사 훈련생으로
훈련을 받고 있을 때였다. 이 원고의 마지막 부분의 몇몇 기록은
로테르담의 목사이며 귀츨라프의 지인이었던 Joh. Christ. Vorstman
(1775-1864)에 의해 1826년에 쓰여졌다고 기록된 것으로 봐서,
Vorstman의 기록은 귀츨라프에 의해 에세이가 완성된 후에 쓰여졌다고
보는 것이 합리적인데, 그렇다면 귀츨라프가 이 에세이를 1826년 또는
그 이전에 썼다는 것을 의미한다. (오현기 소장)

참고문헌

1차 문헌

『각사등록(各司謄錄)』. 충청병영계록(忠淸兵營啓錄). http://db.itkc.or.kr

김경선(金景善), 『연원직지(燕轅直指)』 제1권 출강록(出疆錄) "영길리국표선
　기(英吉利國漂船記)". 순조 32년 11월 25일(임진년, 1832), 고전종합
　DB. http://db.itkc.or.kr/

『비변사등록(備邊司謄錄)』. 규장각한국학연구원. http://kyujanggak.snu.ac.kr/

『선종성황제실록(宣宗成皇帝實錄)』卷之二百二十二 道光十二年 閏九月 二十九
　日. https://ctext.org/wiki.pl?if=en&chapter=586926&remap=gb

『신천성서(神天聖書)』. 재구유조서겸신유조서(載舊遺詔書兼新遺詔書).
　Malacca: Anglo-Chinese College, 1823.

『승정원일기』. 고전종합DB. http://db.itkc.or.kr/

『오주연문장전산고(五洲衍文長箋散稿)』. 고전종합DB. http://db.itkc.or.kr/

『읍지류』, 충청도편. 규장각한국학연구원. http://kyujanggak.snu.ac.kr/

『일성록(日省錄)』. 규장각한국학연구원. http://kyujanggak.snu.ac.kr/

『전인구확(全人矩矱)』, Singapore: 新嘉坡堅夏書院藏板, 1836.

『조선왕조실록』. 규장각한국학 연구원. http://kyujanggak.snu.ac.kr/

『척독류함정문서달충집(尺牘類函呈文書達衷集)』. https://archive.org/details/
　NineteenthCenturyCorrespondenceBetweenChineseOfficialsAndEnglis
　hMerchants/mode/2up

『통문관지(通文舘志)』. 고전종합DB. http://db.itkc.or.kr/

British museum dept. of MSS. *Catalogue of the Manuscript Maps Charts and Plans and of the topographical Drawings in the British Museum, Vol. III.* London: Order of the Trustees, 1861.

Christian Ministers of Various Denominations (ed.). *The Calcutta Christian Observe, Vol. VII.* January to December. Calcutta: The Baptist Mission Press, 1838.

Das Ausland, Nr. 310, München. 6. Nov. 1833: 1240.

East India Company. *Asiatic journal and monthly Register, Vol. 4.* Jan.-Apr. London: Parbury Allen & Co., 1831.

_____. *Asiatic journal and monthly Register, Vol. XII.* Nr. 47-171, London: Wm. H. Allen & Co., 1833.

_____. *Asiatic journal and monthly Register, Vol. 8.* Jan.-Apr. London: Parbury Allen & Co., 1834.

_____. *Asiatic journal and monthly miscellany, Vol. 24.* Sept.-Dec. London: Wm. H. Allen and Co., 1837.

Great Britain Hydrographic Dept. *The China Pilot; Comprising the Coasts of China, Korea, and Manchuria; The Sea of Japan, the Gulfs of Tartary and Amur, and the Sea of Okhotsk, 3rd ed.* London: Great Britain Hydrographic Dept. Admiralty, 1861.

Gützlaff, Karl. "Remark on the Corean Language." *The Chinese Repository, Vol. 1.* Nov. 1832.

_____. "An appeal in behalf of China". American Board of Commissioners for Foreign Missions, *Missionary Herald, Vol XXX.* Boston: Crocker and Brewster 1834, 422-424.

_____. *Journal of three voyages along the coast of China in 1831, 1832 and 1833. 1.ed.* London: Frederick westley and A. H. Davis, 1834.

_____. *C. Gützlaff's, Missionars der evangelischen Kirche, dreijähriger Aufenthalt im Königreich Siam nebst einer kurzen Beschreibung seiner drei Reisen in den Seeprovinzen Chinas in den Jahren 1831-1833,* Basel: Felir schneider. 1835.

_____. "Briefe an einen Freund in Berlin (Macao, 1835. 1. 7)." Preussische Haupt-Bibelgesellschaft (Hrsg.), *Neueste Nachrichten aus dem Reiche*

Gottes. 20. Jahrgang, Berlin: Trowitzsch und Sohn, 1836.

_____. *Die Mission in China: Vorträge, in Berlin gehalten, Erster Vortrag*, Der ostpreusche Verein für China (Hrsg.). Berlin: W. Schulz, 1850.

Hall, Basil & Clifford, Herbert John. *Account of a voyage of discovery to the west coast of Corea, and the Great Loo-Choo Island; with an Apendiz containing Charts, and various hydrographical and scientific Notices*, London: John Murray, 1818.

Horsburgh, James. *The India directory, or, directions for sailing to and from the East Indies, China, Australia, Cape of Good Hope, Brazil and the Interjacent Ports: Compiled Chiefly from Original Journals of the Company's Ships, Vol. 2, 4th ed.* London: Allen, 1836.

_____. *The India directory, or, directions for sailing to and from the East Indies, China, Australia, and the interjacent ports of Africa and South America, Vol. 2, 5th ed.* London: Allen, 1843.

_____. *The India directory, or, directions for sailing to and from the East Indies, China, Australia, and the interjacent ports of Africa and South America, Vol. 2, 7th ed.* London: Allen, 1859.

India. Governor-general. *Railways (India): return to an order of the honourable The House of the Commons dated 12 July 1853*. London: the honourable The House of the Commons, 1853.

John, W. King. *The China Pilot. The coasts of China and Tartary, from Canton River to the Sea of Okhotsk; with the adjacent islands. Compiled from various sources, 2nd ed.* London: Hydrographic Office, 1858.

_____. *The China pilot: the coast of China, Korea, and Tartary; the Sea of Japan, Gulfs of Tartary and Amur, and Sea of Okhotsk, 3rd ed.* London: Hydrographic Office, 1861.

Ledderhose, Karl Friedrich. *Johann Jänicke: der evangelisch-lutherische Prediger an der böhmischen- oder Bethlehems-Kirche zu Berlin; nach seinem Leben und Wirken dargestellt Zum Besten der Mission für China*, Berlin: G. Knak Selbstverlag, 1863.

Lindsay, Hugh H. & Gutzlaff, Carl F. *Report of proceedings on a voyage to the northern ports of China, in the ship Lord Amherst, 2nd ed.* London: Fellowes, 1834.

McLeod, John. *Voyage of His Majesty's ship Alceste, to China, Corea, and the Island of Lewchew, with an account of her shipwreck: to China, Corea, 3rd ed.* London: J. Murray, 1820.

Medhurst, Walter Henry. *China: Its State and Prospects: With Especial Reference to the Spread of the Gospel: Containing Allusions to the Antiquity, Extent, Population, Civilization, Literature, and Religion of the Chinese.* London: John Snow, 1840.

Milne, William. *A Retrospect of the First Ten Years of the Protestant Mission to China,* (Now, in Connection With the Malay, Denominated, the Ultra-Ganges Missions.) Accompanied with Miscellaneous Remarks on the Literature, History, and Mythology of China, &c. viii. Malacca, 1820.

Morrison, Robert. *A dictionary of the Chinese language: in three parts, part the first containing Chinese and English, arranged according to the KEYS, part the second, Chinese and English arranged alphabetically and part the third English and Chinese, Part II, Vol. 1.* Macao: East India Company Press, 1819.

_____. *A dictionary of the Chinese language: in three parts, part the first containing Chinese and English, arranged according to the radicals, part the second, Chinese and English arranged alphabetically and part the third English and Chinese, Part III.* Macao: East India Company Press, 1822.

Oppert, Ernst. *A Forbidden Land: Voyages to the Corea.* N.Y: G.P. Putnam's Sons 1880.

Simms, Frederick Walter. *Diamond Harbour Dock and Railway Company.* Calcutta: W. Rushton, 1847.

The Calcutta Magazine and Monthly Register 1831, Vol. II, Calcutta Samuel Smith and Co Hare Street, 1831, 100; East India Register and Directory for 1829, 2nd ed. London: J. L. COX, 1829.

The Calcutta Rwview Vol. XXV, July-December, 1855. Calcutta: Sanders Cones and CO., 1855.

Von Siebold, Philipp Franz Balthasar, *Archiv zur Beschreibung von Japan und dessen Neben- und Schutzländern: Jezo mit den Südlichen Kurilen, Krafto, Koorai und den Liukiu-Inseln, Vol. 7.* Leiden, C. C. van der Hoek, 1832.

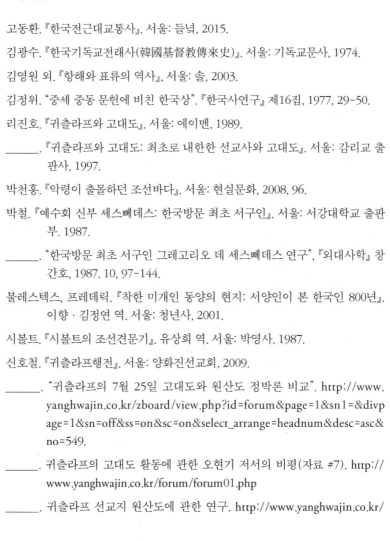

Wylie, Alexander & Gamble, William. *Memorials of Protestant missionaries to the Chinese: giving a list of their publications, and obituary notices of the deceased*. Shanghae: American Presbyterian mission press, 1867.

2차 문헌

고동환.『한국전근대교통사』. 서울: 들녘, 2015.

김광수.『한국기독교전래사(韓國基督敎傳來史)』. 서울: 기독교문사, 1974.

김영원 외.『항해와 표류의 역사』, 서울: 솔, 2003.

김정위. "중세 중동 문헌에 비친 한국상".『한국사연구』제16집, 1977, 29-50.

리진호.『귀츨라프와 고대도』. 서울: 에이멘, 1989.

_____.『귀츨라프와 고대도: 최초로 내한한 선교사와 고대도』. 서울: 감리교 출판사, 1997.

박천홍.『악령이 출몰하던 조선바다』. 서울: 현실문화, 2008, 96.

박철.『예수회 신부 세스뻬데스: 한국방문 최초 서구인』. 서울: 서강대학교 출판부. 1987.

_____. "한국방문 최초 서구인 그레고리오 데 세스뻬데스 연구",『외대사학』창간호, 1987. 10, 97-144.

불레스텍스, 프레데릭.『착한 미개인 동양의 현지: 서양인이 본 한국인 800년』. 이향 · 김정연 역. 서울: 청년사, 2001.

시볼트.『시볼트의 조선견문기』. 유상희 역. 서울: 박영사. 1987.

신호철.『귀츨라프행전』. 서울: 양화진선교회, 2009.

_____. "귀츨라프의 7월 25일 고대도와 원산도 정박론 비교". http://www.yanghwajin.co.kr/zboard/view.php?id=forum&page=1&sn1=&divpage=1&sn=off&ss=on&sc=on&select_arrange=headnum&desc=asc&no=549.

_____. 귀츨라프의 고대도 활동에 관한 오현기 저서의 비평(자료 #7). http://www.yanghwajin.co.kr/forum/forum01.php

_____. 귀츨라프 선교지 원산도에 관한 연구. http://www.yanghwajin.co.kr/

zboard/view.php?id=forum&page=1&sn1=&divpage=1&sn=off&ss=on
&sc=on&select_arrange=headnum&desc=asc&no=749

오인동.『꼬레아, 코리아: 서양인이 부른 우리나라 국호의 역사』. 서울: 책과 함
께, 2008: 78.

임영태 · 김동수 · 최윤수. "해양 지명의 표준화와 해양지명의 제정 및 활용을 위
한 기초연구".『한국지적학회 학술대회 논문집』, 한국지적학회, 2004.

오현기,『굿 모닝, 귀츨라프』. 성남: 북코리아, 2014.

_____. "조선과 서양 사이의 문화 중개자들의 저작물에 나타난 조선인의 인상
(印象)에 대한 연구".『대학과 선교』제27집, 2014, 199-234.

_____. "칼 귀츨라프와 고대도". 제7회 칼 귀츨라프의 날 학술발표회(2020. 7.
16), 논문발표영상: https://youtu.be/4PEJbp0XALw.

_____. "한국 개신교의 선교 원년이 1832년인 근거에 관한 연구 - 칼 귀츨라프
의 선교".『대학과 선교』제21집, 2011. 12, 133-170.

_____. "한국에서의 첫 개신교선교사 귀츨라프의 조선선교 기록에 대한 비교연
구",『부경교회사연구』제17호, 2008. 11, 7-29.

이준엽.『중국 최근 근세사』. 서울: 일조각, 1967.

정수일.『문명사교류』. 서울: 사계절, 2002.

전영진. "고대도 민속의 특징". 한국국어교육학회 편,『새국어교육』제52권,
1996: 331-355.

정재륜.『동평위 공사 견문록』. 강주진 역. 서울: 영양각, 1985.

최완기. "귀츨라프의 한반도 기행문(1832)",『신학과 신앙』제2집, 1987, 92-
109.

충남문화산업진흥원.『칼귀츨라프와 함께 떠나는 고대도여행』. 천안: 충남문화
산업진흥원, 2012.

허호익.『귀츨라프의 생애와 조선선교활동』. 서울: 한국기독교역사연구소,
2009.

Bird, Isabella Lucy. *Korea & Her Neighbours Hb*. New York: Routledge, 2002:
12.

Bräsel, Sylvia."Überlegungen zur Bedeutung der Korea-Mission von Karl

Friedrich August Gützlaff (1803-1851) in Vorbereitung der Luther-Ehrung (Reformationsjubiläum) 2017. 칼 귀츨라프 선교기념 신학과 세계관학회 편, 『신학과 세계관』 제1집, 2014. 7, 33-52.

Dehn, Ulrich. "Die Mission Karl Gützlaffs im Kontext der allgemeinen und Missionsgeschichte Ostasiens". 칼 귀츨라프 선교기념 신학과 세계관학회 편, 『신학과 세계관』 제1집, 2014. 7, 9-31.

Eames, James Bromley. *The English in China: Being an Account of the Intercourse and relations between England and China from the year 1600 to the year 1843 and a summary of later developments*. London: Curzon Press, 1974.

East India Company Ships. https://eicships.threedecks.org/ships/shipresults. php?start=L

Elman, Benjamin A. *On Their Own Terms: Science in China, 1550-1900*. Cambridge: Harvard University Press, 2005.

Grayson, James Huntley. *Early Buddhism and Christianity in Korea: A Study in the Implantation of Religion*. Leiden: Brill, 1985.

Heeren, John J. *On the Shantung front; a history of the Shantung mission of the Presbyterian church in the U.S.A., 1861-1940 in its historical, economic, and political setting*. New York: Board of foreign missions of the Presbyterian church in the United States of America. 1940.

Lach, Donald F. *Asia in the Making of Europe, Vol. I: The Century of Discovery*. Chicago: University Of Chicago Press, 1994.

Morse, Hosea Ballou. *The Chronicles of the East India Company trading to China 1635-1834, Vol. IV*. Oxford: At The Clarendon Press, 1926.

Rewa, Joung Yole. "Muslims in Korea: an economic analysis." Institute of Muslim Minority Affairs, *Journal of Muslim minority affairs, Vol. 3*. Issue 2. 1981.

Rhinow, Malte. *Eine kurze koreanische Kirchengeschichte bis 1910*. Wien, Berlin: Lit Verlag, 2013.

Yunn, Seung-Yong, *Religious culture in Korea*. Seoul: Hollym, 1996.

지도/해도

『1872년 지방지도』 충청도편, 〈서산군산천도〉. 규장각한국학연구원. http://
　　kyujanggak.snu.ac.kr/

『동국여도(東國輿圖)』, 삼남해방도(三南海防圖). 1800~1822년 제작. 규장각한
　　국학연구원. http://kyujanggak.snu.ac.kr/

British museum dept. of MSS. *Catalogue of the Manuscript Maps Charts and
　　Plans and of the topographical Drawings in the British Museum, Vol. III.*
　　London: Order of the Trustees 1861.

Hydrographic Office of the Admiralty, "The peninsular of Korea", London: R.
　　B. Bate, Jan. 27. 1840, Librarie Loeb-Larocque (ed). The European
　　Mapping of Korea, Librarie Loeb-Larocque: Paris, 2009; 국립해양조
　　사원. http://www.khoa.go.kr/oceangrid/koofs/webzine/data/HAE/3/
　　files/download/old.pdf

Mouillages de la Cote Ouest de Coree leves en 1857 par Mr. Montaru Enseigne
　　de Visseau "Havre Majoribanks et entree du Shoal Gulf," 1857. 국립해
　　양조사원. http://www.khoa.go.kr/museum/VIEW.HTM

Stieler, Adolf. Stieler Hand- Atlas, Über alle Theile der Erde und über das
　　Weltgebäude. 7. Aufl. Bearb. 1881. Rev. 1885, Gotha, Justus Perthes,
　　1885.

찾아보기

277

오현기

1965년 부산에서 출생했다. 고신대학교 신학과와 동 신학대학원을 졸업했다. 독일 괴팅엔 대학교에서 수학했으며, 독일 베를린 훔볼트 대학교에서 신학박사학위를 받았다. 칼 귀츨라프가 베를린 훔볼트 대학교에서 수학한 연관성으로 말미암아 그에 대해 특별한 관심을 갖게 됐으며, 2004년부터 귀츨라프 연구에 몰입하여 8편의 귀츨라프 관련 논문과 『굿 모닝, 귀츨라프』(2015년 대한민국학술원 우수학술도서)라는 단행본을 발간하였고 희귀 1차 사료들을 수집했다. 독일에 체류할 때 이미 베를린에서 '귀츨라프 기획 전시전'을 총괄 기획하여 개최한 바가 있다. 또 귀츨라프 연구 관련 분야 다큐멘터리 〈귀츨라프의 섬 고대도〉(SBS 대전방송)와 〈한국에 온 최초의 선교사 귀츨라프〉(CTS-TV)의 제작·감수 및 진행에, 그리고 〈굿모닝 귀츨라프〉(CBS-TV)의 제작·감수에 참여했다.

　　기타 프로젝트로는, 칼 귀츨라프 선교 180주년 기념 발간집인 『칼 귀츨라프와 함께 떠나는 고대도 여행』을 감수했으며, 보령박물관 개관 특별전시 '보령의 믿음: 칼 귀츨라프 유물 전시전'에 전시 유물 대여와 컨설턴트로 참여했다. 2023년 기준으로 10회까지 계속된 칼 귀츨라프의 날의 대회장과 고대도 칼귀츨라프 축제 2023의 공동조직위원장을 담당했다.

　　백석대학교 기독교학부 교수로 봉직하다가 현재는 선교 정신과 그의 세계탐구정신을 계승하기 위해 서울에서 창립된 칼 귀츨라프 선교기념 신학과 세계관 학회(약칭 칼 귀츨라프 학회, Karl Guetzlaff Academic Society for the Study of Theology and Worldview)의 학회장과 대구동일교회 담임목사로 섬기고 있다.

칼 귀츨라프 학회 홈페이지
http://www.guetzlaff.kr